AF600032

CATARATA

CGT

Silvia Agüero Fernández y Nicolás Jiménez González

¿Anarquismo gitano?

COLECCIÓN INVESTIGACIÓN Y DEBATE
SERIE LIBRE PENSAMIENTO

ILUSTRACIONES DE CUBIERTA: REPORTAJE SOBRE CATALINA JUNQUERA EN *AHORA*, 30 DE NOVIEMBRE DE 1934

¿ANARQUISMO GITANO?

ISBN: 978-84-1352-948-6
DEPÓSITO LEGAL: M-5870-2024
THEMA: JPFB/5PBR

IMPRESO POR ARTES GRÁFICAS COYVE

ÍNDICE

PRIMERA PARTE

SOBRE LA HISTORIA Y LA CULTURA DEL PUEBLO GITANO

1. ANTIGITANISMO

> "El antigitanismo es un sistema de dominación basado en la raza que tiene raíces históricas en la modernidad y que obedece a la construcción del hombre blanco europeo como modelo de humanidad, deshumanizando así a todos los demás".
>
> CAYETANO FERNÁNDEZ ORTEGA[1]

Para tratar cualquier tema relacionado con las personas gitanas debemos tener en consideración la existencia del antigitanismo[2] que genera un contexto de opresión étnica que deforma, que sesga, que modifica, que altera, que intersecciona las vidas gitanas y que, por tanto, afecta a cualquier aspecto que observemos o a cualquier relación que pretendamos analizar. Así pues, lo primero será entender qué es el antigitanismo y cómo se concreta.

---

1. García, E.: "Cayetano Fernández: 'El racismo es un producto histórico de la modernidad europea'", *El Salto*, 17 de agosto de 2019.
2. El antigitanismo es la forma específica de racismo que sufre la población gitana. Es una ideología basada en la superioridad racial, una forma de racismo institucional alimentado por una discriminación histórica. Particularmente persistente, violento, recurrente y banalizado, es la causa principal de las desigualdades que padece la población gitana (Comisión Europea Contra el Racismo y la Intolerancia. Recomendación de Política General Nº 13 de la ECRI sobre la lucha contra el antigitanismo y las discriminaciones contra los romaníes/gitanos, 2 de junio de 2023). En https://bitly.ws/3cLNG.

El antigitanismo es la forma específica de racismo[3] que padecemos las personas gitanas. Es una ideología basada en la superioridad de la raza paya, de sus modelos organizativos y de sus instituciones sociales, económicas, políticas, religiosas y culturales.

Se trata, sobre todo, de un tipo de racismo institucional[4]. Es decir, está ejercido, perpetuado, consentido, apoyado por las instituciones y sus poderes y es estructural. De hecho, habría antigitanismo aunque no hubiera gitanas ni gitanos a quienes oprimir, denigrar, perseguir, exterminar o negar.

Cuando afirmamos que es estructural, sistémico, queremos decir que no se trata de "casos aislados", que el problema no son los prejuicios, ideas, comportamientos y acciones racistas que pueda tener una persona concreta, es decir, que el tema no va de que haya profesoras, policías, juezas, doctoras, o trabajadoras sociales antigitanas, sino que los sistemas educativo, judicial, penitenciario, sanitario, de servicios sociales, etc. son antigitanos y están construidos sobre la base

---

3. El racismo engloba las ideologías racistas, las actitudes fundadas en los prejuicios raciales, los comportamientos discriminatorios, las disposiciones estructurales y las prácticas institucionalizadas que provocan la desigualdad racial, así como la idea falaz de que las relaciones discriminatorias entre grupos son moral y científicamente justificables; se manifiesta por medio de disposiciones legislativas o reglamentarias y prácticas discriminatorias, así como a través de creencias y actos antisociales; obstaculiza el desenvolvimiento de sus víctimas, pervierte a quienes lo ponen en práctica, divide a las naciones en su propio seno, constituye un obstáculo para la cooperación internacional y crea tensiones políticas entre los pueblos; es contrario a los principios fundamentales del derecho internacional y, por consiguiente, perturba gravemente la paz y la seguridad internacionales (UNESCO. Declaración sobre la raza y los prejuicios raciales, 1978). En https://bitly.ws/3cLPa.
4. "La dimensión institucional del racismo está constituida por el conjunto de políticas, prácticas y procedimientos que perjudican a algún grupo étnico (o racial) impidiendo que pueda alcanzar una posición de igualdad" (Buraschi y Aguilar Idáñez, 2019).

de una ideología supremacista en la cual el centro, la cúspide, lo mejor de lo mejor, está ocupado por lo payo, y consideran lo gitano como un contraejemplo, como lo peor de lo peor, lo que no debe ser.

Además, el antigitanismo es funcional al Estado y al capitalismo: a ambos les sirve para disponer de un chivo expiatorio colectivo al que culpabilizar/criminalizar por su supuesta forma de vida considerada extraña/extranjera/marginal (racismo duro) u obsoleta/atrasada/necesitada de integración (racismo en forma de paternalismo/oenegismo[5]).

El antigitanismo en España se ha sustentado en más de 230 leyes antigitanas (Agüero y Jiménez, 2020), que prohibieron y castigaron todo lo que significaba ser gitana o gitano: nuestra forma de vestir, de hablar, de vivir... Y que regularon el cómo y el dónde podíamos vivir. Incluso, como veremos más adelante, en 1749 hubo un intento de exterminio, un genocidio que diríamos en términos actuales.

Para descender al ámbito más práctico, a modo de ejemplos reales, contaremos a continuación una serie de sucesos que acontecen en el Estado español y que consideramos que son expresiones del antigitanismo reinante y circundante:

- A pesar de la persistencia de las altísimas tasas de fracaso escolar que padecen nuestras niñas y niños, no existe una política educativa específica destinada a superar ese fracaso para con el alumnado gitano ni a nivel estatal ni autonómico. Las acciones que se implementan suelen ser proyectos (limitados en el tiempo,

5. Cuando el Estado cede parte de sus funciones en la protección y promoción de los derechos personales y/o colectivos a las denominadas ONG a través de la financiación de sus proyectos que, obviamente y al contrario que el propio Estado (obligado por las leyes a que su acción no discrimine), están sesgados ideológicamente.

el espacio y los recursos) que la Unión Europea, el Estado o la autonomía correspondiente (o todas estas instituciones a la vez) subvencionan principalmente desde el área de servicios sociales —casi nunca desde el correspondiente departamento de educación—, gestionados por ONG y que, básicamente, se orientan a responsabilizar a las familias gitanas sin asumir los cambios estructurales necesarios para superar el fracaso del propio sistema.

- De acuerdo con los datos del Centro de Investigaciones Sociológicas[6], un 16,3% de la población gitana de España señala haber recibido un trato peor o haberse sentido discriminada en los servicios de salud.
- La única salida laboral que nos queda casi exclusivamente, con independencia de nuestro nivel formativo, es la venta ambulante.
- En todas las ciudades hay, al menos, un gueto gitano (Agüero, 2021).
- El déficit de representación de la población gitana en los espacios sociales, políticos, económicos y culturales de toma de decisiones genera que nuestras opiniones no sean tenidas en cuenta y que todas las decisiones que nos afectan las tomen personas payas.
- La Constitución española no reconoce explícitamente al Pueblo Gitano[7].
- No hay ningún día festivo laboral "gitano" cuando sí lo hay andaluz, valenciano, extremeño, catalán, vasco, gallego, asturiano, castellanomanchego, castellanoleonés, cántabro, navarro, riojano, aragonés, murciano, canario, balear o madrileño.

---

6. CIS, Estudio 2664 (2006). En https://bitly.ws/3cLPr.
7. Pueblo Gitano aparece con mayúsculas en todo el texto por una decisión política de las autoras para señalar al Pueblo Gitano como una entidad política.

- El matrimonio gitano no es legal en España[8]. Esta situación impide el reconocimiento de los derechos de pensión por viudedad y conculca otros derechos tales como los de filiación o los de transmisión y herencia.
- El romanó, el idioma gitano, no tiene estatus legal reconocido en nuestro país. A pesar de que España forma parte del Tratado de la Carta Europea de las Lenguas Minoritarias o Regionales no lo incorporó en su protocolo de adhesión. Esto significa, entre otras cosas, que el romanó sigue postergado en relación a las demás lenguas españolas y que nuestras hijas e hijos no tienen derecho a aprenderlo en las escuelas.
- La población gitana es el grupo social más identificado por las diferentes policías a partir de su perfil étnico[9].
- La ONG que más apoyo y dinero recibe del Estado y de todas las autonomías para la realización de actuaciones dirigidas a la población gitana es la Fundación Secretariado Gitano, organización fundada y dirigida mayoritariamente por personas payas. Y lo peor de todo es que el discurso y las políticas dirigidas a la población gitana desde los diferentes gobiernos están basados fundamentalmente en los informes de esta ONG.

---

8. Tribunal Constitucional, Sentencia 1/2021, de 25 de enero de 2021: "La unión celebrada conforme a los usos y costumbre gitanos no ha sido reconocida por el legislador como una de las formas válidas para contraer matrimonio con efectos de validez civil". En https://bitly.ws/3cLPA.
9. García Añón, J. *et al.* (2013): Identificación policial por perfil étnico en España. Informe sobre experiencias y actitudes en relación con las actuaciones policiales, Valencia, Tirant Lo Blanc. En https://bitly.ws/3cLPN.

- Las gitanas somos acosadas por los guardias de seguridad de tiendas y comercios[10] de todo tipo.
- La práctica totalidad de los programas de promoción de la salud dirigidos a mujeres gitanas consisten realmente en programas de control de la natalidad.
- Ningún partido político ha protestado nunca contra ninguno de los diversos progromos que hemos sufrido.
- A pesar del advenimiento de la democracia, la Constitución no ha terminado con las normativas ni con las prácticas antigitanas. Ningún gobierno ha querido asumir su responsabilidad para terminar con el antigitanismo.
- No existe todavía ningún tipo de política de reparación histórica hacia nuestro Pueblo.

10. Fernández, J.: "Disfrutar yendo de compras es un privilegio", *elDiario.es*, 3 de diciembre de 2021.

2. PREMISAS

> "Los gitanos son víctimas en España de una injusticia tradicional. Se les ha hecho una atmósfera de pintoresquismo, de picardía, de un falso casticismo de pandereta".
>
> HELIOS GÓMEZ[11]

Para iniciar este capítulo en torno a la cultura gitana ofrecemos una serie de premisas que debemos considerar siempre que intentemos cualquier acercamiento al conocimiento de la historia y/o la cultura del Pueblo Gitano[12]. Las *Rromnă* y los *Rroma* y nuestra cultura, el *Rromipen*:

- no somos un subproducto de la marginación social, no somos el *lumpenproletariat* europeo ni ninguna otra clase social sino un pueblo real en cuyo seno se dan todas las diversidades;
- no somos solo la encarnación de los clichés odiados/temidos o deseados/románticos creados por malentendidos y manipulaciones, no somos esos personajes imaginarios creados por lo que llamamos afición/gitanismo/bohemianismo/flamenquismo, sino un pueblo como cualquier otro, con personas reales, de carne y hueso, que se gana la vida con el arte y los espectáculos pero también con la industria, el comercio (estable o

11. "El gran artista revolucionario: Helios Gómez", *Crónica*, 18 de octubre de 1936. En https://bitly.ws/3cLQp.
12. Este primer acercamiento a la cultura gitana ya lo publicamos en *Resistencias gitanas* (Agüero y Jiménez, 2020).

ambulante), la banca, la enseñanza, el periodismo, la recogida de cosechas agrícolas, etc.;

- somos el resultado, la síntesis, de un patrimonio genético y cultural original indio desarrollado en contacto con otros pueblos y culturas; durante el último milenio ha tenido lugar fuera de India, especialmente en Europa desde, al menos, el siglo XV, y en las Américas desde el XVI. Esto quiere decir que somos de origen remoto indio pero a la vez somos de Europa, de España y —en nuestro caso particular— de la Comunidad Valenciana sin que ninguna de esas categorías sea excluyente;
- también tenemos una historia y consideramos que una investigación seria en este campo es posible, necesaria y respetable, incluso fascinante, mucho más que todo tipo de leyendas que solo contribuyen a la exotización y al malentendimiento;
- tenemos una unidad histórica como Pueblo y esto es un hecho científicamente demostrado;
- no tenemos nada en común con los intocables, las tribus migratorias o las personas marginadas de la India salvo el haber sufrido históricamente (o en la actualidad) el racismo o la subordinación y exclusión social. En India hay una serie de pueblos etiquetados por el colonialismo británico como "gypsies" (banjara, gaduliya lohar, etc.) que no tienen origen romanó ni lingüístico ni étnico ni histórico;
- tampoco tenemos nada en común —salvo el racismo sufrido— con otros pueblos europeos considerados como "gitanoides": mercheros (España), yenish (Francia, Alemania, Suiza), travellers (Irlanda, Reino Unido), caminanti (Italia)... Esta distinción es primordial ya que desde hace años, autoridades europeas como la Comisión Europea o el Consejo de Europa

nos están asimilando a estos grupos étnicos, y esa confusión es tan perjudicial como que en Irlanda están promoviendo que las personas travellers aprendan romanó cuando esa cultura tiene su propia lengua, el shelta, que está en riesgo de desaparecer; o que la televisión inglesa emita un programa titulado *Big Fat Gypsy Weddings* —en España se vende como *Mi gran boda gitana*—, donde los protagonistas son travellers y en cuyo doblaje al castellano se genera la confusión más caótica al mezclar las denominaciones "viajeros", "nómadas", "gitanos"...

- la cultura gitana desarrollada en el territorio que históricamente hemos dado en llamar España forma parte de las demás culturas que se han desarrollado en este territorio;
- la existencia de un componente gitano en las diferentes culturas españolas es insoslayable. Del mismo modo, las diferentes culturas de nuestro entorno han influido en la cultura gitana de cada lugar;
- para entender en su complejidad el conjunto diverso y heterogéneo de las culturas españolas es necesario incorporar la perspectiva gitana;
- la población gitana no vive actualmente ni ha vivido históricamente aislada de su entorno cultural, social, político, económico, religioso e histórico. Por el contrario, el Pueblo Gitano es y ha sido parte integrante de la sociedad y por lo tanto está y ha estado influido por las diferentes circunstancias culturales, sociales, políticas, económicas, religiosas e históricas que las demás culturas y pueblos que conforman esta matria de patrias que es denominada España.

3. DESCONOCIMIENTO Y DISCRIMINACIÓN DE LA CULTURA DEL PUEBLO GITANO

"La construcción histórica del racismo antigitano es un mecanismo del estado-nación".

SEBIJAN FEJZULA[13]

Las personas que conformamos el Pueblo Gitano —indio de origen, europeo de concreción y transnacional en su proyección (Jiménez González, 2006)— y nuestra historia y cultura (tanto antropológica como creativa), resultamos desconocidas e ignoradas ya sea en los ámbitos más populares o en los más supuestamente eruditos a pesar de que las familias gitanas llevamos residiendo de manera estable y establecida en la mayoría de países de América y en la totalidad de los países de la Unión Europea desde hace más de 400 años (Gheorghe y Liegeois, 1995).

Este desconocimiento es fruto del antigitanismo, que ha generado un desinterés en la academia, donde los estudios romaníes siguen siendo marginados. Al mismo tiempo se ha permitido el florecimiento de un imaginario colectivo basado en estereotipos estigmatizantes y exotizantes construidos históricamente por la literatura y el teatro costumbristas y reforzados actualmente por los medios de comunicación de masas así como por el actuar de los diferentes gobiernos cualquiera que sea su nivel territorial de acción.

13. Mollá, Jordi P.: "Sebijan Fejzula: 'La construcció històrica del racisme antigitano és un mecanisme de l'estat-nació'", *elCugatenc*, 8 de julio de 2023.

Formamos parte de las poblaciones de todos los países europeos actuales desde su creación. En el caso de España, el testimonio más antiguo[14] sobre la presencia romaní data de 1425, es decir, que nuestras familias antepasadas llegaron aquí, como mínimo, 67 años antes de la conquista del Reino de Granada y del inicio de la colonización de Abya Yala (América), hechos considerados por la historiografía hegemónica simbólicamente como el surgimiento de la España moderna.

Aplicando una mirada limpia o consciente (Heredia Maya, 2000) para tratar de evitar el antigitanismo debemos asumir que, aunque recién llegadas, las familias gitanas participaron, para bien y para mal, en la construcción de las sociedades a que dio lugar el surgimiento de los modernos estados-nación europeos.

Tras más de 500 años de estancia continuada en nuestros respectivos países no podemos consentir que se nos siga considerando como una comunidad extranjera.

Es verdad que el origen biológico remoto de nuestra gente es la India (Giménez *et al.*, 2019). También es verdad que los referentes igualmente remotos que conforman el *Rromipen* —cultura gitana, en romanó— son indios. No obstante, en diciembre de 2024 se cumplirán 1006 años desde que Maḥmūd de Ghaznī[15] invadiera Kannauj[16] y capturase y esclavizara a aquellas 53.000 personas que dieron origen a nuestra diáspora (Agüero y Jiménez, 2020).

Por tanto, las personas gitanas somos tan españolas (tan andaluzas, tan aragonesas, tan asturianas, tan baleares, tan canarias, tan cántabras, tan castellanomanchegas,

---

14. "Primer documento sobre la llegada de los gitanos a España", Unión del Pueblo Romaní.
15. Sultán del Imperio gaznávida (actualmente en Afganistán) desde 997 hasta su muerte en 1030.
16. Antigua ciudad india situada en el estado de Uttar Pradesh, famosa por la industria de destilación de perfumes.

tan castellanoleonesas, tan catalanas, tan ceutíes, tan extremeñas, tan gallegas, tan madrileñas, tan melillenses, tan murcianas, tan navarras, tan riojanas, tan valencianas y/o tan vascas) como el resto y tenemos los mismos derechos individuales que las demás personas reconocidas por la Constitución (y los respectivos estatutos de autonomía) como integrantes del pueblo español (y de cualquiera de los territorios autonómicos). Lo mismo cabe afirmar de nuestra europeidad y de nuestra condición de nacionales de los estados miembros de la Unión Europea[17], todos los cuales cuentan con una arraigada población gitana nacional además de una creciente población gitana emigrada temporal o permanentemente.

Una de las peculiaridades de nuestro Pueblo es que constituimos una nación sin territorio compacto. Esta característica no es exclusiva sino que existen otros pueblos[18] asentados en territorios que forman parte de diferentes estados.

La nuestra debería ser una cultura más de las que forman la cultura española. Pero esto no es así porque nuestra Constitución no incluye un reconocimiento explícito de nuestra condición étnica dado que el reparto del poder (legislativo, ejecutivo y judicial) se produce en base territorial y no étnica o culturalmente. Pero esto podría cambiarse: tan solo hace falta voluntad política.

Tampoco ninguno de los estatutos de autonomía incluye esta condición étnica nuestra. En los estatutos autonómicos

---

17. Así como de, al menos, EE UU, México, Colombia, Brasil, Chile y Argentina.

18. En el territorio de la Unión Europea: el Pueblo Arrumano cuya población está presente en Grecia, Macedonia, Albania, Bulgaria y Rumanía; el Pueblo Vlaheshte/Meglenorrumano (Grecia, Macedonia, Rumanía); el Pueblo Pomaco (Grecia, Bulgaria, Turquía); el Pueblo Gorani (Serbia, Albania y Macedonia); y el Pueblo Saami (Noruega, Finlandia, Suecia y Rusia).

de Andalucía[19] y de Cataluña[20] se menciona a la población gitana pero no se le reconoce ningún estatus jurídico propio al Pueblo Gitano residente en esas comunidades autónomas.

Una vez más, el Pueblo Gitano ha sido marginado, postergado, dejado fuera, de este reparto del pastel lo cual implica que no tengamos instituciones propias y que todas las políticas específicas sean ejecutadas por instituciones foráneas, intrusas y extrañas, es decir, payas, que además —injusta e injustificadamente— están dirigidas por personas también payas. Esto constituye un claro agravio comparativo en relación a la definición de nuestro Estado como autonómico.

El Consejo de Ministros del 6 de abril de 2018[21] aprobó un acuerdo para reconocer el día 8 de abril como el Día del Pueblo Gitano. Se reconoce también el uso de la bandera gitana (azul y verde con una rueda roja de 16 radios) y el himno *Gelem, gelem* con la finalidad de que este pueda ser utilizado en actos y eventos institucionales. No obstante, el 8 de abril sigue siendo laborable, a diferencia de los equivalentes días de las comunidades autónomas y no se ha dotado ni a nuestro himno ni a nuestra bandera —símbolos identitarios gitanoespañoles— de ningún tipo de protección legal como el que ampara al resto de himnos y banderas del Estado español.

---

19. "La promoción de las condiciones necesarias para la plena integración de las minorías y, en especial, de la comunidad gitana para su plena incorporación social" (art. 10.21 del Estatuto de Andalucía, LO 2/2007).
20. "Los poderes públicos deben velar por la convivencia social, cultural y religiosa entre todas las personas en Cataluña y por el respeto a la diversidad de creencias y convicciones éticas y filosóficas de las personas, y deben fomentar las relaciones interculturales mediante el impulso y la creación de ámbitos de conocimiento recíproco, diálogo y mediación. También deben garantizar el reconocimiento de la cultura del pueblo gitano como salvaguarda de la realidad histórica de este pueblo" (art. 42.7 del Estatuto de Cataluña, LO 6/2006).
21. En https://bitly.ws/3cLR4.

La falta de un reconocimiento legal explícito implica el no reconocimiento de los derechos colectivos de la ciudadanía gitana.

La combinación entre el no reconocimiento legal del Pueblo Gitano y el bajo rango normativo que ampara la protección de la cultura gitana incrementa la vulnerabilidad de la ciudadanía gitana sobre todo en lo tocante a la protección de su imagen pública y su derecho al honor.

Esto hace que el Pueblo Gitano tenga una condición política subordinada, lo que impide su emancipación y contribuye al estado de exclusión social en el que se encuentra la mayor parte de nuestra población (FRA, 2023).

Se suele alegar en contra de este reconocimiento la falta de un territorio compacto al cual adscribir a la población gitana pero eso en un Estado como el español en el cual tienen cabida diferentes formas de autonomía[22] tanto en lo legal como en lo competencial o en lo territorial demuestra una vez más la extendida raigambre del pensamiento antigitano.

22. Autonomía foral (gestión de sus propios impuestos) de Navarra. También tienen régimen foral las diputaciones de Álava, Vizcaya y Guipúzcoa; 2 ciudades autónomas, Ceuta y Melilla; tan pequeñas territorialmente como Rioja o Cantabria o tan grandes como Castilla y León o Andalucía; comunidades autónomas con cuerpos de policía independientes de los Cuerpos y Fuerzas de Seguridad del Estado: País Vasco, Cataluña, Navarra... o sin policía propia: Baleares, Cantabria, Castilla y León...

4. PRINCIPALES CARACTERÍSTICAS ÉTNICO-CULTURALES DEL PUEBLO GITANO

"Los gitanos no formamos una colectividad en posesión de una territoriedad común localizada en un área determinada".

José Heredia Maya

HETEROGENEIDAD

La cultura gitana es heterogénea, diversa, compleja, multifacética y cambiante, tanto en el tiempo como en el espacio, como todas las demás culturas humanas.

Podríamos afirmar que cada familia extensa mantiene y practica su propia versión de la cultura gitana.

Esta diversidad no solo tiene que ver con el territorio donde radica cada familia extensa sino también con la clase social, la religión y la profesión mayoritaria dada en su seno. Es decir, la cultura gitana madrileña difiere de la cultura gitana valenciana, por poner solo dos ejemplos territoriales que conocemos en profundidad; a su vez, la cultura que practica una familia gitana evangélica residente en la ciudad de Valencia es diferente de la que practica otra familia que no siga este denominación cristiana; asimismo, las prácticas culturales de una familia gitana residente en, pongamos por caso, Manises (provincia de Valencia) dedicada a la venta ambulante son diferentes a las que lleva a cabo otra familia que se dedique profesionalmente a la música.

Esta heterogeneidad de expresiones no impide que haya un *continuum* cultural, es decir, un marco interpretativo común que está basado en tres ejes de valores culturales (Jiménez González, 2002): la biofilia (amor a la vida), la no-violencia (respeto) y la no-contaminación (honor). Este *continuum* cultural, el *Rromipen*, es lo que nos permite hablar de la existencia de una comunidad gitana (solidaridad, reciprocidad, reconocimiento) y lo que favorece la plena intercomunicación e interacción entre las familias a pesar de esas diferencias culturales.

BIOFILIA

Según Erich Fromm (1966) la biofilia es el amor a la vida y representa una orientación total, todo un modo de ser que se manifiesta tanto en los procesos corporales de una persona como en sus emociones, en sus pensamientos o en sus gestos. Así pues, la tendencia a conservar la vida y a luchar contra la muerte es la forma más elemental de la orientación biófila.

Fromm utilizaba este concepto como psicoanalista para analizar a las personas de manera individual, no formando parte de una colectividad. En cambio, el sociólogo gitano serbio Rajko Đurić (2008) lo aplicó al análisis colectivo de la cultura gitana.

Así, la biofilia, el amor a la vida, constituye uno de los ejes estructurantes de la cultura gitana. En este conjunto de valores se encuentran nuestro sentido lúdico de la existencia, nuestra vitalidad y optimismo.

La biofilia también significa amor a la naturaleza y al resto de seres vivos que pueblan la tierra. Por eso, una de las principales festividades gitanas, tanto en España (San Juan) como en otros países (Macedonia: Ederlezi; Bulgaria: Djurdjevdani; Francia: romería de Santa Sara; Inglaterra: feria de caballos de Appleby)[23], es la celebración de la renovación

23. Las fechas de estas celebraciones, así como sus denominaciones, se han adaptado al entorno cultural y religioso donde se reside. No

de la naturaleza que acontece en torno al paso del equinoccio de primavera al solsticio de verano, en las cuales los animales y sus cuidados adquieren un significado simbólico importantísimo.

PRINCIPIO DE NO-VIOLENCIA

Ahimsa es un término sánscrito que da cuenta de un concepto filosófico que aboga por la no-violencia y por el respeto a la vida. Viene a decirnos "no dañes a ningún ser vivo con tu cuerpo, tu mente, tus hechos o tus palabras".

A partir de este concepto tradicional indio, Mahatma Gandhi configuró su lucha por la liberación de India frente al imperio colonial británico. Asimismo, esta ideología ha influido en otros movimientos de emancipación y liberación tales como los liderados por Martin Luther King o las Madres de Plaza de Mayo, por tan solo citar un par de ejemplos significativos.

Según Jiménez González (2002) el eje de valores de la no-violencia es un elemento estructurante de la cultura romaní. Así, por ejemplo, el derecho consuetudinario romanó (Gómez Baos, 2021) está basado en este principio, ya que ante el surgimiento de un conflicto la intervención de las personas de respeto tiende a evitar la escalada o progresión de la violencia. De hecho, en diferentes lugares de España, a estas personas de respeto se las denomina "evitadores" puesto que su función no consiste en juzgar quién es culpable y quién es

obstante, todas tienen en común que giran en torno al fuego y al agua como elementos de purificación y renovación. Asimismo, todas estas fiestas constituyen momentos de encuentro comunitario que facilitan tanto el intercambio de información sobre la familia como el refuerzo de los lazos familiares e, incluso, el surgimiento de nuevas relaciones interpersonales, incluidos los matrimonios, por lo que también contribuyen al mantenimiento de la propia comunidad.

víctima, sino en separar a las partes en conflicto para evitar que la violencia acabe perjudicando al conjunto de la comunidad.

El principio de la no-violencia no significa ni resignación ni pacifismo: tanto en España como en el resto de Europa, ha habido participación de personas gitanas en los diferentes movimientos de lucha por la libertad, la democracia, la justicia y contra el fascismo (Vojak, 2017); tanto en la primera como en la Segunda Guerra Mundial hubo soldados romaníes que fueron distinguidos por su valor (Agüero y Jiménez 2020); en la Segunda Guerra Mundial, un gran número de personas gitanas se incorporaron a las filas de los movimientos de resistencia y de lucha partisanos (Mirga-Kruszelnicka y Dunajeva, 2020); igualmente, a lo largo de la historia, las poblaciones gitanas han luchado contra la opresión, la persecución y la injusticia del poder omnímodo del Estado utilizando diversas estrategias que incluyen la lucha armada (Jiménez González, 2020).

LA NO-CONTAMINACIÓN

Este principio nada tiene que ver con el uso homónimo que se hace ni en el ámbito del derecho penal ni en el ámbito de la protección del medio ambiente sino con la evitación del contacto con la materia considerada contaminante.

Este es el eje en torno al que se articulan los tabúes, los códigos de comportamiento, la lealtad al grupo, la gastronomía, la higiene y los rituales de nacimiento, nupciales y/o mortuorios.

Aunque en España no tiene vigencia el código de *mageripen*[24] en otros lugares sigue regulando la vida cotidiana de las familias romaníes (Kyuchukov, 2015).

24. En romanó, contaminación.

DIVERSAS FORMAS DE SER GITANA

> "La realidad del gitano no es, pues, única ni absoluta".
>
> José Heredia Maya

En el seno del Pueblo Gitano existen diversos grupos diferenciados tradicionalmente tanto por cuestiones culturales como lingüísticas, religiosas y/o profesionales: kalderaś, lovara, sinti, romanichel, manuś, xoraxane, kale... Las personas adscritas a estos grupos se reconocen también como pertenecientes a una entidad mayor, *E Rroma* (los romá/gitanos).

En España, tradicionalmente, sólo ha habido un grupo de personas gitanas: los calós y las calís. Además, hay otro grupo asentado en el territorio español desde hace por lo menos 150 años: las y los húngaros que, aunque son así llamadas y este nombre es asumido por las personas que lo componen, no son originarios de Hungría sino que son familias que lograron emanciparse de la esclavitud en los territorios rumanos y emigraron hacia occidente. Gran parte de las familias que arribaron al territorio español habían estado algún tiempo en el Imperio austrohúngaro y de ahí la denominación grupal. Algunas de ellas, tras una más o menos larga estancia en España, continuaron su viaje hacia las Américas.

Actualmente, en España, residen familias gitanas recientemente migradas de Rumanía, Bulgaria, Bosnia, Macedonia, Kosovo... siendo los grupos rumano y búlgaro los más numerosos. Las causas de esta migración, presente en toda la UE, radican tanto en la caída de los estados comunistas como en las guerras sufridas en los Balcanes.

ESTRUCTURA SOCIAL

Las comunidades romaníes se articulan en familias extensas en las que todas las personas se reconocen como descendientes de una persona antepasada común. La pertenencia a la familia implica relaciones de solidaridad y reciprocidad: acudir a las celebraciones, socorrer a quien ha caído en desgracia…

La sociedad romaní no está jerarquizada, si bien, debido al control social que toda comunidad implica, el equilibrio del respeto impone una cierta unidad de criterios lo cual lleva a que haya una serie de roles adscritos que tienen que ver con la edad y el género. Evidentemente estos roles adscritos están en constante cambio, al igual que en el resto de la sociedad, y ya no responden a las viejas taxonomías fijadas por los antropólogos clásicos.

5. UN PASEO POR LA HISTORIA

> "Es imposible deconstruir el racismo sin deconstruir el relato de la identidad española hegemónica".
>
> HELIOS F. GARCÉS[25]

Una de las formas de negación (epistemicidio) a las que hemos sido sometidas las personas gitanas ha consistido en imponernos un relato de nuestra historia trufado de fantasías y leyendas sobre quiénes somos y de quiénes descendemos:

- Descendientes de Caín. Basándose en la maldición bíblica que Caín recibió por el asesinato de su hermano Abel[26] y en los oficios y formas de vida asignados a sus hijos: Yabal (vivir bajo tiendas), Yubal (tocar la lira y el caramillo) y Tubal (forjador de hierro y cobre).
- Forjadores de los clavos de Cristo. Basándose igualmente en la Biblia, se ha dicho que fue un herrero gitano quien forjó los clavos con que los romanos crucificaron a Jesús. Existen diversas versiones de esta leyenda, pero todas acaban del mismo modo: el gitano solo fabricó tres clavos y el cuarto clavo, siempre incandescente, nos persigue continuamente y nos impide asentarnos en ningún lugar.

25. Fernández, F.: "Helios F. Garcés, escritor: 'Identidad española y racismo están muy unidos'", *Diagonal*, 29 de mayo de 2015.
26. "Cuando labres la tierra, no te volverá a dar su fuerza; errante y extranjero serás en la tierra" (Génesis 4:12, Biblia Reina-Valera, 1960).

- Voltaire —sí, sí, ¡el príncipe de la razón!— afirmaba que éramos un remanente de los antiguos sacerdotes y sacerdotisas de Isis, entremezclados con los de la diosa de los asirios.
- Otros autores, siempre hombres payos, afirmaron que éramos judíos que, para librarnos de las persecuciones antijudías, nos inventamos la leyenda de nuestro origen egipcio, que habíamos sido expulsados de allí por no haber acogido a la Virgen y al resto de la Sagrada Familia cuando huyeron a Egipto.
- La leyenda que nos hace descendientes de una de las tribus perdidas de Israel está, por desgracia, cada día más viva al estar siendo difundida en el seno de la Iglesia Evangélica de Filadelfia.

A PROPÓSITO DEL ORIGEN

Las primeras personas gitanas llegadas a Europa dijeron provenir de la India: "En el mismo tiempo vinieron a Forli ciertas gentes mandadas por un general, deseosas de recibir nuestra fe, y llegaron a Forli el 7 de Agosto. Y, como oí decir a alguno, que eran de India"[27].

En el siglo VII, el emperador Harshavardhana[28] hizo de la modesta aldea de Kannauj, en Madhyadesh (actualmente en Uttar Pradesh), la capital de su imperio que abarcaba casi toda la mitad norte de la India. Con el tiempo, Kannauj creció

27. "Eodem millesimo venerunt Forlivium quedam gentes misse ab imperatore, cupientes recipere fidem nostram, et fuerunt in Forlivio die VII Augusti. Et, ut audivi aliqui dicebant, quod erant de India", *Chronicon fratris Hieronymi de Forlivio: ab anno 1397 usque ad annum 1433*, 7 de agosto de 1422, (la traducción es nuestra). En https://bitly.ws/3cLRH.

28. En https://bitly.ws/3cLRQ.

como un destacado centro económico, cultural, artístico y espiritual. Esta riqueza motivó al sultán Maḥmūd de Ghaznī[29] a llevar a cabo una incursión el 20 de diciembre de 1018 (8 de shaban del 409 de la hégira), junto con sus valientes guerreros (11.000 regulares y 20.000 voluntarios). Ninguna de las defensas previstas resistió el embate y el rey de Kannauj, Rajapala de la dinastía Pratihara, huyó al otro lado del río Ganges buscando refugio en sus bosques. Esa cobardía le costó la vida: Vidyadhara, rey de Jejakabhukti (actualmente Bundelkhand, en Madhya Pradesh), lo capturó y lo asesinó por su cobardía (Courthiade, 2018).

Maḥmūd de Ghaznī, en lugar de matar a la población como solía hacer en sus correrías —especialmente cuando el soberano de la ciudad había huido—, capturó a toda la población de la ciudad de Kannauj (53.000 personas) y se la llevó a Ghaznī junto con 16 grandes carros cargados de joyas y riquezas y 385 elefantes. La razón para no pasar a cuchillo a esta gente y llevársela radica en que eran en su mayoría artistas y artesanos a quienes pretendía utilizar para convertir a su pequeña Ghaznī en una gran capital que pudiera estar a la altura de Kabul o de Bagdad (Courthiade, 2018).

Hay que tener en cuenta que Kannauj en aquella época era conocida por la abundancia en su corte de sabios y artistas.

Una vez en Ghaznī, puso a trabajar a los artesanos y artistas que deseó (por ejemplo, un grupo de arquitectos le construyeron la mezquita más grande de su época) y al resto los vendió como esclavos a los nobles de la región de Jorasán (actualmente en Irán, pero en la época un amplio territorio que abarcaba zonas de Uzbekistán, Tayikistán y Afganistán).

A partir de ahí, y tras la caída del Imperio gazhnávida y la llegada al poder de los turcos selúcidas que se aliaron con los persas sasánidas, muchos de estos esclavos indios traídos de

29. En https://bitly.ws/3cLRW.

Kannauj se fueron desplazando hacia occidente hasta llegar al Imperio bizantino en donde entraron en contacto con la población armenia y con el habla griega (Courthiade, 2018). Es ahí, en la península de Anatolia (actual Turquía, entonces Imperio bizantino), donde, según el profesor Hancock (2006), se produce la aglutinación de gentes, lenguas y culturas procedentes de India, Persia, Armenia junto con la lengua y cultura griega (hegemónica en el Imperio bizantino) que dio origen tanto al romanó moderno como al propio Pueblo Gitano.

Estas gentes serían las que entraron a Europa y que, ya en los siglos XV y XVI, se distribuyen por todo el continente.

Y, desde Europa, a América, a África y a Australia.

Es, por tanto, en Europa donde se construye la cultura gitana que mantiene, eso sí, un componente indio fundamental.

INTENTOS DE GENOCIDIO

Cuando la población romaní llega a Europa se encuentra con un panorama político, social, económico, cultural y religioso de crisis, de cambio radical que abarca los primeros siglos de su estancia europea: en Europa Occidental acaba la Edad Media y surgen los Estados nación que se expanden y crean los imperios coloniales; mientras que en Europa del Este tenemos, por un lado, el Imperio otomano en continua expansión y enfrentado a la Europa Central y Occidental y, por otro, el Zarato (posteriormente imperio) ruso que domina amplios territorios de una manera más estable y menos belicosa. Y ese entorno determina, evidentemente, lo que le sucede a nuestras antepasadas y antepasados.

Las respuestas dadas por el poder ante la llegada de la población romaní difieren de unos territorios a otros:

- Europa Occidental. Los gobernantes, en el proceso de construcción de los Estados nación, promueven una unificación que abarca diversos ámbitos: la lengua, la religión, el derecho... En ese contexto, la población romaní, recientemente llegada, es percibida como un foco de peligro: dada nuestra movilidad se nos acusa de ser espías del Imperio turco; se considera dudosa nuestra religiosidad lo que puede ser un peligro para los creyentes; y nuestra etnicidad (el romanó, nuestra vestimenta, nuestros oficios...) debe ser controlada para que no sea una fuente de divergencias. Así, en un primer estadio, se pretende la expulsión de la población romaní y cuando comprenden que por mucho que lo intenten no lo consiguen, deciden el exterminio físico (genocidio) y cultural (epistemicidio);
- Rumanía y Valaquia. Allí persiste el régimen feudal del vasallaje y la población romaní es esclavizada;
- Imperio otomano. La población gitana se integra en la ciudadanía y se sedentariza;
- Imperio ruso. La población romaní es considerada como parte integrante de la sociedad y mantiene en gran medida un modo de vida nómada aunque desde el principio existen poblaciones gitanas asentadas de manera estable.

A continuación nos detendremos brevemente en cuatro episodios de nuestra historia que consideramos que deberían ser conocidos por todo el mundo y reconocidos por los diferentes gobiernos de Europa que, además, deben pedir perdón como instituciones herederas y continuadoras e iniciar un proceso de restitución histórica de nuestra memoria y de reparación simbólica y real tendente a la compensación por el daño causado y por las consecuencias actuales de estos intentos de exterminio (Jiménez González, 2017).

LA GRAN REDADA

Es el episodio más aciago de la historia del Pueblo Gitano en España: en una sola noche, la del 31 de julio de 1749, fueron arrestadas todas las personas gitanas ¡de todas las edades! por el mero hecho de serlo. Se calcula entre diez y doce mil el número de víctimas (Gómez Alfaro, 1993).

Las mujeres, con sus hijas e hijos menores de siete años, fueron separadas de los hombres y de los niños mayores de siete años con el propósito declarado del exterminio (Martínez Martínez, 2014).

Mientras nuestras antepasadas fueron recluidas en hospitales y casas de misericordia nuestros antepasados fueron enviados a los arsenales de Marina (Cartagena, La Carraca en Cádiz y La Graña en El Ferrol). Tanto a ellas como a ellos les sometieron a trabajos forzados durante los 16 años que duró su cautiverio (Martínez Martínez, 2014).

No sabemos cuántas personas gitanas murieron a consecuencia de este intento de exterminio, probablemente el genocidio más antiguo de la historia.

ESCLAVITUD

Cuando pensamos en poblaciones esclavizadas, automáticamente, nos viene a la mente la población afrodescendiente y, en especial, la afroamericana, mientras que la esclavitud de la población romaní es prácticamente desconocida tanto en España como en la propia Rumanía. Sus consecuencias perduran en la actualidad: exclusión social, pobreza, marginación, pésima imagen social de la población gitana rumana, ocultación de la propia identidad para tratar de esquivar el racismo antigitano imperante…

A pesar de que el Parlamento Rumano declaró el 20 de febrero como Día Conmemorativo de la Esclavitud Romaní en 2016 no hay en Rumanía ningún plan previsto para pedir perdón. Tampoco para preservar la memoria de este Pueblo o para divulgarla a través de la educación, ni para compensar simbólica y realmente a la población romaní de Rumanía por haber sufrido la esclavitud (Matache y Bhabha, 2016).

En los antiguos principados de Valaquia y Moldavia, actual Rumania, la población gitana fue esclavizada por el Estado, la Iglesia ortodoxa rumana y los boyardos (terratenientes) durante quinientos años (Achim, 2004).

La población gitana esclavizada por el Estado fue emancipada en 1843. Tres años más tarde fueron liberadas las personas esclavizadas por la Iglesia. Finalmente, lograron la manumisión de las personas esclavizadas por los boyardos (1855, Moldavia y 1856, Valaquia). Eso sí, estas personas fueron liberadas para que se convirtieran en contribuyentes y pagaran sus impuestos. Por supuesto, sus amos recibieron una compensación que variaba entre 8 y 4 monedas de oro por cada una, independientemente de su sexo, en función del oficio de la persona esclavizada (Achim, 2004).

Ninguna de las más de 250.000 personas esclavizadas que fueron liberadas por aquellas leyes de emancipación recibió compensación alguna.

Una parte importante de aquellas personas que habían sido esclavizadas, al alcanzar su liberación, emigró a todo el mundo. También a España. Esta fue la segunda gran migración que ha contribuido a la configuración de las poblaciones gitanas en los diferentes países en los que residimos actualmente.

En España no contamos con una población numerosa de este origen. Sus descendientes son las personas gitanas a quienes venimos llamando "húngaros", familias que tradicionalmente se han ganado la vida con los espectáculos ambulantes ya sean circenses, musicales o la exhibición de películas. Cuando estas familias se trasladaron al continente americano también ejercieron allí estos oficios (Pérez y Armendáriz, 2001).

La llegada a España de aquellas nuevas familias gitanas dedicadas a la fabricación y reparación de calderos y útiles de cocina de cobre —de ahí que se les llame también caldereros— ha quedado impresionada en la pervivencia de las comparsas de zíngaros y caldereros[30] que dan carácter propio a los carnavales de Navarra y el País Vasco.

Y desde España, muchas de aquellas familias que escapaban de la esclavitud surcaron el Atlántico para poblar América y poder ser retratadas con la mirada limpia (Heredia Maya, 2004) del nobel García Márquez en su novela *Cien años de soledad*: "Todos los años, por el mes de marzo, una familia de gitanos desarrapados plantaba su carpa cerca de la aldea, y con un grande alboroto de pitos y timbales daban a conocer los nuevos inventos".

SAMUDARIPEN/PORRAJMOS

Pronunciados *samudaripén* y *porraymós*, son dos términos que se utilizan habitualmente para denominar el genocidio al que fue sometida la población gitana europea durante el régimen nazi (1933-1945).

La población romaní, junto con la población judía, fueron los dos grupos étnicos objetos de genocidio durante el nazismo tanto en Alemania como en los países europeos que formaron el Eje, sus socios y los gobiernos colaboracionistas.

El genocidio gitano, el *Samudaripen*, se inició mucho antes del comienzo de la Segunda Guerra Mundial. Por supuesto, en Alemania, como en el resto de países de Europa central y occidental, el antigitanismo tiene una larga historia que se ha ido plasmando en las leyes. No obstante, con el ascenso al

30. En https://bitly.ws/3cLSe.

poder del Partido Nacionalsocialista Obrero Alemán y el nombramiento de Hitler como canciller en 1933, el destino de la población sinti quedó abocada directamente al exterminio.

En 1935, las leyes de ciudadanía del Reich y para la protección de la sangre y el honor alemanes—las famosas leyes de Núremberg— despojaron a la población sinti —clasificada como una raza inferior— de la ciudadanía y del derecho al voto. Estas leyes pretendían la conservación de la pureza racial alemana y para ello prohibían los matrimonios entre personas arias y no arias. Los criterios dispuestos en estas leyes para establecer qué personas eran consideradas gitanas eran exactamente dos veces más estrictos que aquellos que definían quienes eran judías: si una de las ocho bisabuelas de una persona era gitana, aunque a su vez fuera mestiza, dicha persona era considerada de ascendencia gitana mientras que se definía como judía a una persona que tuviera, al menos, una abuela judía. Todo basado en criterios meramente sanguíneos, genéticos, sin tener en cuenta la religión ni la práctica cultural o étnica. Por eso, cuando alguien habla de "pureza" en relación con las personas gitanas nos saltan todas las alarmas ya que ese tipo de razonamiento está en la base ideológica del racismo más atroz.

En junio de 1938 unos 700 hombres gitanos, mayoritariamente sinti, fueron enviados a los campos de concentración de Dachau, Buchenwald, Sachsenhausen y Lichtenburg dentro de la llamada *Aktion Arbeitsscheu Reich* (acción contra los vagos). Tanto en esos como en otros campos de concentración fueron sometidos a trabajos forzados.

En el verano de 1941, durante el asalto de las tropas nazis contra la URSS miles de romaníes fueron víctimas de ejecuciones en masa por parte de los *Einsatzgruppen* (grupos operativos) de las SS comenzando así el asesinato sistemático de las personas gitanas. Se calcula que unas 100.000 fueron asesinadas por estos comandos de la muerte tanto en la URRS como en Polonia y otros territorios ocupados de Europa del Este y los Balcanes.

Otro componente de la política de extinción de la población gitana fue la esterilización forzada, tanto dentro de los campos de concentración como en hospitales externos. Miles de romaníes, en su mayoría mujeres y niñas, tuvieron que sufrir esta operación, a menudo sin anestesia. Muchas murieron durante la operación.

"La repetida cifra de 500.000 muertes gitanas durante el *Porrajmos* se ha convertido en una convención" tal y como afirma el Tío Ian Hancock (2013), profesor emérito de la Universidad de Texas. No podemos, por tanto, aceptar esa cifra como un hecho demostrado ya que la documentación no ha sido bien analizada ni existe una política de promoción de la investigación en torno al *Samudaripen*. Según el propio profesor Hancock, la cifra de víctimas probablemente asciende al doble o al triple, es decir, que un millón y medio de personas gitanas fueron asesinadas durante el *Samudaripen* (Hancock, 1987). Y esto no es una competición a ver quién tuvo más víctimas, sino un ejercicio de transparencia y un intento de poner las cosas en su sitio.

Aún no hay un listado de víctimas gitanas. Solo listas parciales y no en todos los campos de concentración o exterminio. Tampoco hay una voluntad política de promover la investigación que haga posible aflorar las verdaderas dimensiones del *Samudaripen*.

El intento de minorar la cifra de víctimas responde claramente a los objetivos del antigitanismo y sirve para postergar a las personas gitanas actuales, incluidas las víctimas, incluso de los actos oficiales de conmemoración del Holocausto. Asimismo, el lugar destinado a la memoria gitana dentro de los museos del Holocausto es mínimo.

España aún no ha reconocido oficialmente que la población romaní fue víctima del genocidio llevado a cabo por los nazis. Se suelen escudar en la neutralidad de España en la Segunda Guerra Mundial. No obstante, hubo víctimas gitanas de origen español, sobre todo en territorio francés.

Aunque Auschwitz fue el peor de los campos de exterminio, hubo otros: Belzec, Chelmno, Jasenovac, Sobibor, Treblinka, Sachsenhausen, Buchenwald… en todos ellos hubo personas gitanas prisioneras aunque algunos se crearon específicamente para albergar a las personas gitanas: Lety (República Checa), Dubnica nad Váhom (Eslovaquia), Lackenbach (Austria), Litzmannstadt (Polonia), Montreuil-Bellay, Lannemezan o Saliers (Francia)…

El *Zigeunerlager* (campo gitano), un campo específico para familias gitanas situado en Birkenau, dentro del complejo de Auschwitz, fue creado por un decreto de Himmler en diciembre de 1942. Allí estuvieron cautivas cerca de 23.000 personas de todas las edades. Unas 13.000 procedían de Alemania, Austria y otros países controlados por el Tercer Reich o que colaboraban con el mismo. Entre los meses de abril y julio de 1944, unas 3.500 personas gitanas fueron transferidas a otros campos. Algunas de ellas sobrevivieron al suplicio de la persecución, pero el 85% de las que fueron transportadas originalmente a Auschwitz-Birkenau fueron finalmente exterminadas, según nos cuenta el Tío Andzrej Mirga (2011).

Cuando el 27 de enero de 1945 las tropas soviéticas liberaron el campo de exterminio de Auschwitz no había, entre los 7.000 supervivientes, ninguna persona gitana: unos meses antes de la liberación, la noche del 2 de agosto de 1944, las entre 4.200 y 4.400 personas gitanas de todas las edades que quedaban en el denominado *Zigeunerlager*, que para ese entonces ya habían sufrido todas las atrocidades posibles, fueron asesinadas en las cámaras de gas.

El 16 de mayo de 1944 hubo un intento anterior de liquidar el campo de familias gitanas; lo recordamos como el Día de la Resistencia, ya que una rebelión de las gitanas y los gitanos impidió que los nazis llevaran a cabo su plan de exterminio aquel día.

El 2 de agosto recuerda la mayor matanza antigitana jamás cometida. Por eso, desde 1994, las organizaciones gitanas, sobre todo de Polonia, conmemoran el 2 de agosto como el Día en Memoria del *Samudaripen*. Esta reivindicación ha sido finalmente asumida por el Parlamento Europeo, que en abril de 2015 aprobó una resolución declarando el 2 de agosto como Día Europeo en Memoria de las Víctimas del *Samudaripen*[31].

En los campos de concentración y exterminio, nuestra gente sufrió hambre, frío, enfermedades y fue sometida a trabajos forzados y a experimentación médica.

Las personas gitanas supervivientes, al término de la guerra, tuvieron que enfrentarse a los mismos prejuicios antigitanos. Hasta los años 70 no pudo organizarse un movimiento gitano europeo que recabase la atención de la opinión pública. La mayor parte de las personas supervivientes han fallecido sin haber recibido nunca justicia.

DEPORTACIÓN A LAS COLONIAS

Reino Unido y Portugal deportaron a sus respectivas poblaciones gitanas, aunque siguieron una pauta diferente: Reino Unido deportó a personas gitanas dentro de su política general de deportación a las colonias de personas indeseables (casi siempre, delincuentes comunes) mientras que Portugal convirtió el *degredo*, la deportación a las colonias, en un castigo específico para las personas gitanas. Hasta la fecha, desconocemos si otros estados coloniales deportaron a sus poblaciones gitanas a las colonias.

31. En https://bitly.ws/3cLSo.

Las leyes portuguesas castigaban como delitos las formas de expresión de la cultura gitana: el nomadismo, la práctica de la buenaventura, el *calaõ*[32], el traje gitano… en definitiva, que fueran gitanas y gitanos.

El *degredo*, el destierro o deportación a las colonias, como castigo para la población gitana aparece en 1538. Pronto, esta legislación pretendió la separación de los hombres y las mujeres previendo castigos diferentes para unos y otras: el 24 de octubre de 1647 se establece como castigo específico para las mujeres gitanas su destierro a Angola y Cabo Verde de por vida sin que puedan llevar consigo ni a sus hijas ni a sus hijos (Andrade e Silva, 1854).

El destino previsto para las gitanas en las colonias era el de "vivir recogidas, ocupándose en los trabajos que las restantes hacían", es decir, la servidumbre en las casas señoriales.

Ni siquiera en el destierro se libraron del antigitanismo: el Ayuntamiento de Luanda prohibía a las gitanas el uso de chales negros y otras ropas tradicionales por considerarlas indecorosas para las calles luandesas (Pantoja, 2004).

Para completar el relato hace falta una política de fomento de la investigación que permita aflorar las verdaderas dimensiones de esta parte de nuestra historia.

32. Variante dialectal romaní hablada en Portugal.

6. ¿CÓMO ESTAMOS?

Tanto en España como en cualquier otro país se desconocen los principales descriptores demográficos relativos a la población gitana, es decir, nadie sabe cuántas somos, dónde estamos ni, por supuesto, qué nos pasa.

Este desconocimiento se debe única y exclusivamente al antigitanismo: los gobernantes no tienen ningún interés en solucionar ninguno de los problemas que nos afectan así que se excusan en la falta de datos para no actuar eficazmente y justificar así sus continuos fracasos.

Todos los datos de que disponemos (nosotras, la sociedad y quienes nos gobiernan) son meras especulaciones basadas en pequeños estudios (con muestras mínimas, no extrapolables por tanto) realizados en el ámbito de los servicios sociales y, claro está, enfocados a los problemas que interesan al Estado que son básicamente las conductas consideradas disruptivas y los temas que tienen que ver con la integración.

Nadie sabe cuál es el monto total de la población romaní en ningún país de la Unión Europea (Open Society Foundations, 2010) ni tampoco en España[33]. Incluso se desconocen

33. Ministerio de Derechos Sociales y Agenda 2030: *Estrategia Nacional para la Igualdad, Inclusión y Participación del Pueblo Gitano 2021-2030*. En https://bitly.ws/3cLSy.

cualquiera de los descriptores demográficos convencionales: tasas de natalidad, de mortalidad, de fecundidad, pirámide poblacional, esperanza media de vida, etc. Por descontado, se desconocen el resto de índices sociológicos: escolarización, alfabetización, desempleo, estratificación social, distribución geográfica, etc. Evidentemente, lo que no se sabe, se ignora. Y este desconocimiento activo está directamente conectado con la falta de voluntad política de asumir como propios los problemas que afectan específicamente a la población gitana.

Los datos que sobre la población gitana se suelen manejar habitualmente se han convertido en tópicos indiscutidos a pesar de su falta de consistencia ya que todos están obtenidos de estudios muy limitados, tanto en el espacio como en el tiempo, con poquísima potencia explicativa debido al escaso tamaño de las muestras estadísticas en ellos manejadas, y realizados casi siempre a instancia de los servicios sociales con lo que tan solo se refieren a las problemáticas que a dicha institución le interesan.

No obstante lo antedicho, el último informe publicado por la Agencia Europea de Derechos y Libertades (FRA, 2023) es demoledor:

- Uno de cada cuatro encuestados romaníes (25%) de toda la UE se sintió discriminado por su origen étnico en los 12 meses anteriores a la encuesta. En España, esta cifra asciende al 37%.
- El 80% de la población romaní europea vive en riesgo de pobreza. En España, la práctica totalidad de la población (98%) gitana vivimos en riesgo de pobreza.
- Solo dos de cada cinco personas romaníes de entre 20 y 64 años (43%) tienen un trabajo remunerado, ya sea a tiempo completo, a tiempo parcial, como autónomos u ocasionalmente. En España, la tasa de empleo de la

población gitana es del 25% mientras que la de la población general (paya) es del 50,78%[34].

- Las mujeres gitanas europeas vivimos (esperanza media de vida) 11 años menos que las mujeres de la población general (payas).
- El 52% de la población gitana de Europa vive en un estado de privación de vivienda, en viviendas húmedas y oscuras o sin instalaciones sanitarias adecuadas.

34. Instituto Nacional de Estadística: "Encuesta de Población Activa (EPA) y Estadística de Flujos de la Población Activa (EFPA)", primer trimestre de 2023. En https://bitly.ws/3cLSN.

SEGUNDA PARTE

LA CULTURA GITANA VS. EL ANARQUISMO

7. EL LUGAR COMÚN DEL ANARQUISMO

"Tampoco debemos identificar la 'anarquía gitana' con el anarquismo como programa de acción política".

Juan de Dios Ramírez Heredia, *Los gitanos en la sociedad española*, 1980

"Los gitanos hemos sufrido diversas persecuciones porque queríamos seguir siendo libres, gitanos, para poder seguir así nuestra propia vida. Por esa libertad no hemos querido integrarnos en el conformismo de la sociedad ni participar en sus presupuestos culturales".

Juan Peña Fernández, El Lebrijano, *Arriba*, 2 de enero de 1977

Tildar de anarquista tanto nuestra cultura como a nosotras mismas es un habitual lugar común, un estereotipo, tanto en los análisis y discursos sedicentemente académicos como en las representaciones e imaginarios populares. Incluso, se ha utilizado ese supuesto anarquismo nuestro para explicar las razones por las cuales fuimos exterminadas por los nazis (Asya, 2008).

Se nos acusa de no tener una institución gobernativa propia; de que no somos capaces de organizarnos; de resistir o desafiar las leyes payas; de ocultarnos de la vigilancia policial/estatal; de sustraernos de la acción del Estado; de no tener una moral delimitada por las reglas que cumple todo el mundo (o sea, católica); así mismo, con una tremenda carga de romanticismo, se nos señala como los más libres de todos los libres.

A la vez, todo el mundo, tanto los gitanológos y gitanólogas como cualquier persona común y corriente, sabe de la existencia de una supuesta "ley gitana" cuyo incumplimiento nos puede acarrear, según sus lúbricas elucubraciones, todo tipo de terribles desgracias; y cree saber también que en nuestras comunidades hay unos señores que detentan el poder —como si el resto de mortales estuvieran gobernados por personas "no señores"— a quienes los medios de comunicación se empeñan en llamar *patriarcas* a pesar de que llevamos años insistiendo en que no, que no son patriarcas, que son personas de respeto. Que es verdad que mayoritariamente son hombres de cierta edad pero que también se dan casos de mujeres y de hombres más jóvenes. Nada, nada. Como siempre, da igual lo que nosotras digamos. El público se conforma (y es conformado) porque así le va bien (a las empresas dueñas de los medios de comunicación también), con los estereotipos.

Podemos considerar al Pueblo Gitano como una de las pocas comunidades humanas que aún no han sido plenamente incorporadas a ningún Estado-nación (Scott, 2009) lo cual, irremediablemente, señalaría directamente a los muros elevados por los propios Estados para impedir esa inclusión.

No, no hay nada en la cultura gitana que nos convierta en un pueblo anarquista ni libertario ni socialista ni comunista... ni tampoco conservador ni fascista. Eso sí, hay y ha habido personas gitanas de cualquier ideología y que votan a todo tipo de partidos políticos, militen o no en ellos.

Actualmente, es frecuente que en las redes sociales se exprese el antigitanismo mediante la acusación de que "los gitanos" votamos a VOX, ¡Como si en España hubiera[35] más de 3 millones[36] de personas gitanas en edad de votar y constituyéramos más del 12% del electorado!

---

35. El monto total de la población gitana española es desconocido. No obstante, desde diversos organismos oficiales se viene afirmando que somos setecientos treinta mil, lo cual significaría que somos un 1,55% de la población total de España.
36. Votos obtenidos por VOX en las elecciones generales de 2023.

Por supuesto, todo intento de representarnos colectivamente como seguidoras de cualquier tendencia ideológica/política no es más que una consecuencia derivada del antigitanismo y, por tanto, un acto de enunciación racista.

Veamos a continuación dos factores (uno generado desde el Estado y otro surgido en el seno de la sociedad), en forma de mitos, de estereotipos, de representaciones que forman parte del imaginario popular en torno a lo gitano que han contribuido a la creación y difusión de ese sambenito consistente en calificar a la cultura gitana como anárquica y a las personas gitanas (nosotras mismas) como anarquistas.

8. EL MITO DE LA PELIGROSIDAD SOCIAL

Analizando la producción legislativa antigitana en España[37] vemos como, en el transcurso de los años, se va modificando la representación de la población gitana, que pasa de ser considerada extranjera a delincuente por naturaleza.

Como vimos en el capítulo 5 de la primera parte, esta producción legislativa antigitana fue siguiendo un *in crescendo* persecutorio según el cual se iban incrementando las conductas perseguidas y endureciendo los castigos previstos hasta llegar a la Prisión General también conocida como Gran Redada, intento fracasado de genocidio que tuvo, al menos, 12.000 víctimas[38].

---

37. En otros países la legislación antigitana ha seguido un recorrido similar. No obstante, en la larga historia del antigitanismo encontramos situaciones tan diversas como las descritas en el capítulo 5 de la primera parte de este libro.
38. Según los cálculos realizados por Gómez Alfaro (1993) y por Martínez Martínez (2014) en base a las fichas de capturas realizadas durante la redada y conservadas en el Archivo General de Simancas.

La primera ley antigitana en España[39] consiste básicamente en una ley de extranjería —de regulación de la vida de unas personas a quienes se considera extranjeras—dictada para que "los egipcianos tomen oficios/o bivan con señores/ o salgan del reyno dentro de sesenta días" (sic).

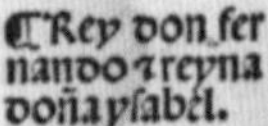
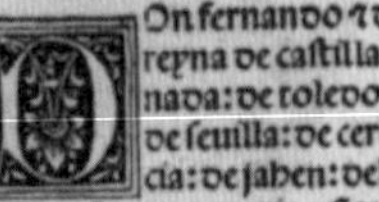

Rey don fernando ⁊ reyna doña yſabel.

Para q̃ los egypcianos tomen oficios/o biuan con ſeñores/o ſalgan del reyno dentro de ſeſenta dias.

Don fernando ⁊ doña yſabel por la gracia de dios rey ⁊ reyna de caſtilla: de leon: de aragon: de ſecilia: de granada: de toledo: de valencia: de galizia: de mallorcas: de ſeuilla: de cerdeña: de cordoua: de corcega: de murcia: de jahen: delos algarues de algezira: de gibraltar: ⁊ delas yſlas de canaria. Condes de barcelona ⁊ ſeñores de vizcaya ⁊ de molina. Duques de athenas ⁊ de neopatria Cõdes de roſellon ⁊ de cerdania. Marqueſes de oriſtan ⁊ de gociano. A vos los egypcianos que andays vagando por eſtos nueſtros reynos ⁊ ſeñorios cõ vueſtras mugeres ⁊ hijos ⁊ caſas: ſalud ⁊ gracia. Sepades que a nos es fecha relacion que vosotros andays de logar en logar muchos tiempos ⁊ años ha ſyn tener oficios ni otra manera de biuir alguna de que vos mantengays: ſaluo pidiendo lymoſnas/⁊ hurtando/⁊ trafagando/⁊ engañando/⁊ faziendo vos fechizeros ⁊ adeuinos/⁊

Fragmento de la pragmática de los Reyes Católicos del 4 de marzo de 1499.

Esta legislación se fue reforzando por medio del endurecimiento de los castigos, pero mantuvo el mismo espíritu de integración, de regulación de la vida de estas gentes que vagaban ya que era esa vagancia, ese nomadeo, el que era percibido como fuente de conflictos a pesar de que los propios legisladores, los reyes firmantes de aquellas leyes, reconocían que parte de los delitos de los que se acusaba a los egipcianos y egipcianas eran cometidos por gentes de otras naciones, es decir, lo que el refrán castellano viene afirmando desde antiguo: "so capa de gitano se esconden muchos castellanos". O lo que es lo mismo, los residentes locales aprovechaban la

39. 4 de marzo de 1499, pragmática de los Reyes Católicos, recopilada en el *Libro en que estan copiladas algunas bullas de nuestro muy santo padre concedidas en fauor de la jurisdicion real de sus altezas et todas las pragmaticas que estan fechas para la buena gouernacion del reyno*, fol. CLXX. En https://bitly.ws/3cLTw.

presencia de familias gitanas que iban de paso para cometer fechorías y poder acusar después a los foráneos de sus delitos.

Así, la figura de la gitana o del gitano andarrío/nómada termina confundiéndose con la del sospechoso/vagabundo de manera que en 1566, en una pragmática de Felipe II sobre vagabundos, ladrones, blasfemos, rufianes, testigos falsos, inductores y bígamos se incluye a los *Ygicianos* (gitanos) y caldereros extranjeros como vagabundos y, por tanto, les aplica los mismos castigos que venían aplicándose a los dichos vagabundos: cuatro años en galeras la primera vez que fuesen hallados ejerciendo de vagabundos, o sea, fuera de sus lugares de residencia; cien azotes y ocho años de galeras, la segunda vez; y cien azotes más condena perpetua en galeras[40].

Toda vez que las medidas de expulsión y de exterminio fracasaron y dado que el ser gitana o gitano (es decir, vestir como gitana, hablar romanó, residir en cualquier lugar no designado, ejercer cualquier oficio que no fuera la labranza de la tierra o salir de tu lugar de residencia sin un motivo legal —es decir, para cumplir un encargo del amo—) era delito, cuando el desarrollo social fue implantando las modernas políticas de persecución del delito, las personas gitanas fueron convertidas en objetivos de la acción policial ya que, como decía Lombroso[41], somos delincuentes natas y, por tanto, peligrosas, sospechosas, perseguibles, controlables...

Así, a la Policía, creada por real cédula el 13 de enero de 1824, se le encomendaba entre sus funciones propias (artículo 13) "controlar las actividades económicas ejercidas en la calle: venta ambulante, cantarines, saltimbanquis,

---

40. 3 de septiembre de 1552, pragmática de Felipe II *de la pena que han de auer los ladrones y rufianes y vagamundos y para que sean castigados los holgazanes ansi hombres como mugeres y los esclauos de qualquier edad que sean que fueren presos.* En https://bitly.ws/3cLTV.
41. Lomboso, C. (1876): *L'uomo delinquente*, p. 127: "Sono una immagine viva di una razza intera di delinquenti".

portadores de linternas mágicas, titiriteros, volatines, conductores de osas o monas" (sic)[42]. Además, por si no quedaba claro que entre las funciones de la Policía estaba el control de la población gitana, el artículo 14.6 establece: "[atribuciones que desempeñará la Policía] recojer los gitanos sin domicilio [...], los chalanes[43] ó corredores[44] de caballerías que no tengan licencia de la policía, y entregarlos á disposición de la justicia para que los destine con arreglo á las leyes" (sic). Como es bien sabido, muchas familias gitanas españolas se han dedicado al trato de ganado y han ejercido los oficios de chalanes o de corredores.

Veinte años después se creó la Guardia Civil, un cuerpo militar con rasgos de policía rural que vendría a reforzar la persecución de las personas gitanas. Al año siguiente de su creación se aprueba la Cartilla del Guardia Civil con la que se pretendía dotar a los guardias civiles de una serie de normas, a modo de código moral y ético, que guiaran su comportamiento a la hora de cumplir su trabajo. En dicha Cartilla (capítulo II, artículo 10) leemos:

> [El guardia civil] vigilará escrupulosamente á los gitanos que viajen, cuidando mucho de reconocer todos los documentos que tengan; de confrontar sus señas particulares; observar sus trajes; contar las caballerías que lleven; inquirir el punto á que se dirigen, objeto de su viaje, y cuanto concierna á poder tener una idea exacta de los que encuentre; pues como esta gente, no tienen en lo general residencia fija, y después de hacer un robo de caballerías, u otra especie, se

42. Todas estas profesiones son mencionadas explícitamente y, como puede verse, eran oficios ejercidos tradicionalmente por personas gitanas.
43. "Que trata en compras y ventas, especialmente de caballos u otras bestias, y tiene para ello maña y persuasiva" (*DRAE*).
44. "Mandatario que, como comerciante acreditado, actúa vendiendo o comprando por cuenta de uno o varios" (*DRAE*).

trasladan de un punto á otro en que sean desconocidos, conviene mucho tomar de ellos todas estas noticias (sic).

¡Ea! Vigiladas y bien controladas.

La "peligrosidad social", es decir, el prejuicio de que alguien de una determinada clase social o etnia sea más proclive a cometer delitos, es la clave para entender la deriva legislativa que va desde castigar las acciones (los delitos) a prevenir que se cometan mediante el control de esas poblaciones sospechosas.

Como vemos, aquí confluyen el interés del Estado por controlar a quienes parece que están fuera de la norma y el temor de la naciente y creciente burguesía a ser víctima de los delitos que podrían cometer quienes forman las capas sociales desposeídas, marginadas, pobres... Y todo ello basado en el estereotipo, la idea preconcebida, del nomadismo gitano y de la predisposición al delito.

Estos valores, estas representaciones generadas desde el Estado en su afán de disciplinar al Pueblo Gitano, han calado en el imaginario popular de manera que nuestra imagen pública sigue siendo la de delincuentes natos, delincuentes por que sí, porque nacemos al mundo para delinquir, como ya dejó escrito Cervantes en *La gitanilla*.

Así mismo, la aplicación de la Ley de vagos y maleantes durante la dictadura franquista supuso un *continuum* en relación con las prácticas históricas anteriores de represión y estigmatización del Pueblo Gitano (García Sanz, 2019) lo cual ha contribuido a reforzar esa idea de que las personas gitanas somos delincuentes. Estereotipo que con el advenimiento de la democracia se ha ido reformulando, adaptándolo a las necesidades justificatorias del propio sistema represor del Estado para acusarnos de traficantes de droga. Actualmente, incluso, para justificar la exclusión, la discriminación, el desamparo, el abandono institucional, el incumplimiento del deber institucional (tanto estatal, como autonómico o municipal) de proveer de servicios adecuados a la ciudadanía, se acusa a las personas gitanas residentes en los guetos de cultivar marihuana y reventar así, por sobreexplotación, el sistema eléctrico.

Como vemos, el antigitanismo es muy útil al poder y le sirve para justificar lo injustificable y más allá.

9. EL MITO BOHEMIO

Bohémiens[45] era uno de los términos que se usaba para referirse a las personas gitanas que vivían en Europa occidental, especialmente en los barrios marginales de las afueras de las grandes capitales como París. El nombre, que se originó en la creencia popular de que estos grupos provenían de la región de Bohemia[46], se afianzó en la época moderna y contemporánea como una forma efectiva de indicar que estas comunidades eran de naturaleza foránea, extranjera.

45. Bohemios. Este exónimo también se usó históricamente en el Reino de Aragón, incluyendo Cataluña y Valencia, (Giménez Giménez, 1997) en sus formas de momiano, boemiano, bomian, para referirse a las personas gitanas.
46. Actualmente situada en la República Checa. Históricamente ha sido un reino independiente que formó parte del Sacro Imperio Romano Germánico y del Imperio austrohúngaro. El rey Segismundo I, que además de rey de Bohemia, fue emperador del Sacro Imperio, dio una carta de seguro (especie de pasaporte de la época) a Ladislau Voivoda Ciganorum (jefe gitano) y su familia, el domingo 17 de abril de 1422, en el castillo de Spiš (actual Eslovaquia), gracias a la cual llegaron a tierras francesas. La carta de seguro aparece en el *Codex diplomaticus Hungariae ecclesiasticus ac civilis* (tomo X, vol. 6, pág. 532) recopilado por György Fejér y publicado en Buda (actual Budapest) en 1844.

En el siglo XIX, lejos de funcionar únicamente como un exónimo[47] para denominar a la población gitana, bohemio se convirtió en un término polisémico por medio del cual se identificaron unas gentes que no eran étnicamente romaníes sino que formaban parte de la sociedad general: artistas de todas las disciplinas y sus seguidores y seguidoras que pretendían vivir de modo similar a como según éstos creían vivían —supuestamente de modo anárquico y contrario a la moral burguesa— esas personas consideradas extrañas/extranjeras, denominadas bohemias (gitanas) que poblaban las áreas pobres en la periferia de las ciudades y llevaban vidas marginales.

Este interés en vivir al modo gitano vino provocado entre la intelectualidad por la peripecia vivida por Jacques Callot, dibujante y grabador francés (Nancy, 1592-1635) que, cuando tenía 12 años, por el deseo de aprender la técnica del grabado, se unió a una familia gitana que iba a Roma (Italia). Durante el viaje realizó una serie de estampas tomadas del natural y llenas de vida que impactaron en el arte de la época e inspiraron a otros artistas a salir de sus estudios para captar la vida.

Grabado de Jacques Callot, *Caravana de gitanos*, siglo XVII.

47. Nombre impuesto desde fuera de la comunidad.

Asimismo, el romanticismo[48] reforzó este interés hacia las familias gitanas y hacia nuestra cultura.

Ya en la segunda mitad del siglo XIX, obras célebres como *Scènes de la vie bohème*[49] (1851, Henry Murger) o *La Bohème* (1896, Giacomo Puccini) ensalzaban este estilo de vida como manifestación de la característica rebeldía y brillantez estética de los artistas contemporáneos.

Charles Baudelaire, exponente de esta corriente estética y artística, considerado el arquetipo de poeta maldito, definía así la bohemia: "Glorifier le vagabondage et ce qu'on peut appeler le bohémianisme"[50]. En su poemario *Les fleurs du mal* incluyó *Bohémiens en voyage* (habitualmente traducido al castellano como *Caravana de gitanos*) en claro homenaje a las ilustraciones de Callot y, por tanto, a la vida gitana (Melâhat, 1966) vista con ojos cargados de estereotipos románticos.

BOHÉMIENS EN VOYAGE

La tribu prophétique aux prunelles ardentes
Hier s'est mise en route, emportant ses petits
Sur son dos, ou livrant à leurs fiers appétits
Le trésor toujours prêt des mamelles pendantes.

Les hommes vont à pied sous leurs armes luisantes
Le long des chariots où les leurs sont blottis,
Promenant sur le ciel des yeux appesantis
Par le morne regret des chimères absentes.

---

48. Movimiento cultural surgido como reacción a la ilustración y al neoclasicismo y que promovía la prioridad de los sentimientos siendo la búsqueda de la libertad su principal rasgo.
49. Escenas de la vida bohemia.
50. *Mon cœur mis à nu* (*Mi corazón al desnudo*), pág. 123: "Glorificar el vagabundeo es lo que podríamos llamar el Bohemianismo" (la traducción es nuestra).

Du fond de son réduit sablonneux, le grillon,
Les regardant passer, redouble sa chanson;
Cybèle, qui les aime, augmente ses verdures,

Fait couler le rocher et fleurir le désert
Devant ces voyageurs, pour lesquels est ouvert
L'empire familier des ténèbres futures.

Caravana de gitanos

La tribu profética, de pupilas ardientes
Ayer se ha puesto en marcha, cargando sus pequeños
Sobre sus espaldas, o entregando a sus fieros apetitos
El tesoro siempre listo de sus senos pendientes.

Los hombres van a pie bajo sus armas lucientes
A lo largo de los carromatos, donde los suyos se acurrucan,
Paseando por el cielo sus ojos apesadumbrados
Por el nostálgico pesar de las quimeras ausentes.

Desde el fondo de su reducto arenoso, el grillo,
Mirándolos pasar, redobla su canción;
Cibeles, que los ama, aumenta sus verdores,

Hace brotar el manantial y florecer el desierto
Ante estos viajeros, para los que está abierto
El imperio familiar de las tinieblas futuras.

La llamada vida bohemia consiste así en una existencia no convencional, apartada de las normas (hoy en día la llamaríamos no normativa), que se vive en compañía de personas afines elegidas precisamente porque con ellas se comparten unas ideas y gustos, y que no está basada en unos vínculos permanentes o de tipo familiar. Esta tendencia bohemia abarca todas las artes, incluso la moda o forma de vestir. Las personas bohemias se consideran a sí mismas nómadas, aventureras, vagabundas. Con este topos literario, con este lugar común, es decir, con estos prejuicios basados en el estereotipo de las personas gitanas errantes, nómadas, que no están sujetas ni por la tierra ni por las posesiones, se identificaron en el siglo XIX artistas e intelectuales jóvenes, en París y otras ciudades europeas que vivían la pobreza, incluso el hambre (puesto que aún no habían triunfado) y apreciaban la amistad, idealizaban el arte y despreciaban el dinero (hasta que empezaban a ganarlo).

A partir de ahí, por todo el mundo han ido surgiendo diversas culturas y subculturas (tribus urbanas) calificadas como bohemias cuyos rasgos comunes tienen que ver con la precariedad económica, el desapego por el dinero y las riquezas materiales, la valoración de la cultura, especialmente aquella que se aparta del canon ortodoxo de cada época y con estilos de vida alternativos a los convencionales. En definitiva, ser una persona bohemia es ser alternativa en el estilo de vida, en los gustos culturales y en no priorizar los objetivos económicos en el desarrollo personal.

La vida bohemia se ha convertido así en uno de los grandes mitos de la modernidad —esa experiencia fluctuante y efímera de la vida en la metrópolis urbana, según la definía el propio Baudelaire— basada en la visión estereotipada —procedente de la literatura y la pintura—, de que el nomadismo, la errancia, el vagabundeo es consustancial a la cultura gitana y a su modo de vida; así, este nomadismo ha sido elevado a símbolo de una vida sin normas ni ataduras, libre de las convenciones burguesas.

El bohemianismo tuvo sus versiones en diferentes países. Por ejemplo, en Rusia, con el nombre de цыганщина (*tsyganshchina*) contribuyó a la creación de un folclore gitano ruso basado en las creaciones de los coros gitanos que finalmente culminó en el establecimiento del Teatro Romen (Agüero y Jiménez, 2020).

En nuestro país, este bohemianismo tuvo su reflejo en la llamada afición: gentes pudientes (hombres sobre todo) que gozaban de los ambientes gitanos (especialmente los musicales) y que pretendían parecerse a ellos: "Soy más valiente que tú, más torero y más gitano", dejó escrito García Lorca en *El Café de Chinitas*. Así, imitaban el modo de vestir de las gitanas y gitanos dando lugar a la vestimenta de los majos y majas que tan bien representó Goya; imitaban el hablar gitano, hasta el punto de que se publicaron 15 diccionarios de caló espurio, falso, inventado tal y como ha demostrado el profesor Buzek (2011) que aún siguen circulando y difundiendo un lenguaje que jamás hemos utilizado las personas gitanas reales; y, finalmente, por su demanda, contribuyeron al surgimiento del flamenco.

Esta moda ha servido y sirve en la actualidad para dar cobijo a todo tipo de extractivismos o apropiaciones culturales: en la música hay cientos de artistas que imitan los modos musicales gitanos sin que ello repercuta en la mejora del estatus de las músicas originales de las cuales se aprovechan; en la academia hay un puñado de personas no gitanas, blancas, payas, que construyen su carrera profesional a base de explotar la gitanología sin que ello revierta en beneficio del propio Pueblo Gitano. En el ámbito de la acción social, tenemos unas ONG que han montado su industria en base a la explotación de la marginación de la población gitana sin que sus actividades sirvan más allá de proveerlas a ellas mismas de jugosas subvenciones, mientras el 98% de la población objeto/diana de su trabajo, es decir, las personas gitanas, seguimos estando en riesgo de pobreza (FRA, 2023).

TERCERA PARTE

GITANAS Y GITANOS ANARQUISTAS: ACCIONES Y PENSAMIENTOS

10. GITANAS Y ANARQUISTAS EN LA PRIMERA MITAD DEL SIGLO XX

"Como los reyes nacen príncipes, las personas que, como yo, nacieron de una madre cuya familia era de origen anarquista y bohemio siguen impregnadas del sello que les ha circundado desde el primer momento".

CASILDA HERNÁEZ VARGAS

"Andra! Zu zera bukatzen ez den sua!".
"¡Mujer, tú eres el fuego que no se apaga!".

EPITAFIO INSCRITO EN LA LÁPIDA FUNERARIA DE CASILDA HERNÁEZ VARGAS POR SU AMIGA BEGOÑA GOROSPE

En este capítulo trataremos de acercarnos a la vida, al pensamiento y a las acciones llevadas a cabo por seis personas consideradas de alguna manera gitanas españolas participantes de una forma u otra en los movimientos anarquistas de la primera mitad del siglo XX en el territorio del Estado español.

SOLEDAD CASILDA HERNÁEZ VARGAS, FEMINISTA LIBERTARIA

(ZIZURKIL, GIPUZKOA, 4 DE SEPTIEMBRE DE 1914-SAN JUAN DE LUZ, FRANCIA, 31 DE AGOSTO DE 1992)

Desde muy joven militó en el sindicato anarquista de la Confederación Nacional del Trabajo (CNT). Su abuela materna, de etnia gitana, y sus tíos anarquistas influyeron en esa militancia que la llevó a participar en las primeras huelgas que las obreras vascas realizaron en San Sebastián.

Con tan solo 20 años de edad, un tribunal de guerra la condenó a 29 años de prisión por su participación en los sucesos y la huelga general revolucionaria[51] del año 1934 acusada de transportar explosivos. Después de dos años de reclusión, fue liberada en 1936 gracias a la amnistía que el Frente Popular otorgó tras su triunfo electoral. Ese mismo año entró a formar parte de la asociación de mujeres anarquistas Mujeres Libres, creada en 1936 y que llegó a agrupar a veinte mil mujeres con el objetivo de dinamizar la estrategia anarcosindicalista de lucha de clases y la visión comunista-libertaria de la CNT. Fue entonces cuando conoció al que iba a ser el compañero para toda su vida: el dirigente anarquista vasco Félix Likiniano[52]. Juntos se enrolaron en la milicia antifranquista hasta que la guerra terminó.

Participó en diversos frentes de guerra: en la defensa de San Sebastián entre el 21 y el 22 de julio, en el frente de Aragón, en la columna Hilario-Zamora y en el frente del Ebro.

Se exilió forzada por las circunstancias, como muchas otras republicanas españolas, en el año 1939. Ya en Francia fue internada, junto a su compañero Likiniano, en el campo de concentración de Gurs[53] (Béarn). Allí permaneció hasta el verano del año 1940. Conseguida la libertad, se trasladó, junto a Likiniano, a Burdeos (Francia).

---

51. La revolución de octubre de 1934 fue una huelga general promovida por PSOE y UGT en la que participaron otras fuerzas de izquierdas y el movimiento anarquista. Aunque en Asturias ocurrieron los sucesos más graves, afectó a todo el territorio estatal.
52. Félix Likiniano (1909-1982) vivió la revolución de octubre de 1934, la Guerra Civil, la resistencia contra el nazismo y el nacimiento de ETA, cuyo anagrama diseñó en 1977.
53. El campo de Gurs o *camp des basques* fue construido en el año 1939 para acoger personas combatientes republicanas españolas y voluntarias de las Brigadas Internacionales tras la derrota de la República. Desde 1940 fue un campo de concentración para personas judías y gitanas. En este campo estuvo internado con su familia el escritor gitano francés Matteo Maximoff. Al menos, otras 50 personas gitanas fueron internadas allí.

Su residencia era conocida como el *Consulado vasco*, pues allí encontraban ayuda y refugio quienes huían del régimen franquista: "Es preciso apoyar todo aquello que esté impulsado por una causa justa, aunque no quieras meterte. Además, cuando una persona lucha por sus derechos, tienes que ayudarle, lo contrario es una cobardía" (Urrutia, 1987).

También participó en la resistencia contra el ejército alemán integrada en las redes de resistencia antifascista aunque desconocía las verdaderas dimensiones de la tragedia tal y como lo explicó ella misma: "habíamos oído hablar de lo que pasaba allí con los campos de concentración y los hornos crematorios, pero nos parecía imposible" (Urrutia, 1987).

Murió en San Juan de Luz (Francia) y está enterrada junto a su compañero en el cementerio de Biarritz (Francia).

GITANA DE ORIGEN

Según afirmaba ella misma (Jiménez de Aberasturi, 1985) "[Mi madre] ha sido una especie de joya. Ella también provenía de madre bohemia[54], de esas que vivían en los carromatos de aquella época". Lo que confirma unas páginas más adelante: "Mi abuela, gitana, vivía en un carromato, como las gitanas que viven aún en Navarra". Por tanto, era plenamente consciente de su pertenencia étnica aunque no vivió una vida que podamos considerar acorde con la cultura gitana de entonces. Tampoco al parecer tuvo más contacto con otras personas gitanas que no fueran su madre, sus tíos y su abuela.

Por otro lado, que sepamos, en el seno de la comunidad gitana vasca no ha quedado memoria de Casilda aunque en los últimos años algunas personas activistas gitanas están

54. Tal y como hemos explicado en la parte segunda de este libro, bohemio era un término para designar a las personas gitanas.

tratando de recuperar su figura como referente de lucha feminista, libertaria y antifascista.

REVOLUCIONARIA EN LUCHA

Se consideró a sí misma como revolucionaria y combatiente aunque insistía en que nunca tuvo afán de protagonismo: "En realidad, no he sido protagonista de grandes hechos [...] No tengo ninguna pretensión de haber sido esto o lo otro [...] Me ha tocado vivir esas cosas, porque han sucedido así" (Jiménez de Aberasturi, 1985).

Aunque tomó parte en los combates, su principal lucha fue el feminismo: "nosotras nos lanzamos a una lucha no solo social, sino también humana por la liberación de la mujer" (Jiménez de Aberasturi, 1985).

Fue una persona que vivió libre y revolucionariamente; que practicó el nudismo y el veganismo; en cuya vida se dieron unas circunstancias que la llevaron a combatir con las armas contra el fascismo sin siquiera planteárselo. Quienes la conocieron la recuerdan siempre activa, como si fuera imposible que siendo tan menuda le cupiera tanta fortaleza, sonriente y dispuesta a ayudar a quien lo necesitara.

CASTO MORENO VARGAS, *JOSÉ EL MOJICONERO*, ANARCOSINDICALISTA LIBERTARIO

(Lebrija, Sevilla, 1903-Los Palacios y Villafranca, Sevilla, 1984)

"La libertad de las personas es su sabiduría".
Casto Moreno Vargas

Jornalero del campo y churrero fueron los oficios que ejerció profesionalmente para ganarse la vida; naturalista y *enseñaor* fueron las vocaciones que desarrolló para vivirla con arreglo a sus valores: justicia social, igualdad, dignidad y libertad.

Afiliado a CNT, fue presidente del comité de El Cuervo (Sevilla) —en aquella época perteneciente al municipio de Lebrija—.

Participó en las acciones directas de las luchas jornaleras antes y durante la República. No buscaba venganza sino justicia: cuenta Ramón Vargas[55] —cuyo padre fue testigo directo de la anécdota narrada— que en cierta ocasión en que participaba de una de estas acciones directas, el encargado del cortijo se negó a dar trabajo a los jornaleros allí concentrados y uno de los participantes gritó "¡Vamos a pegarle fuego al cortijo!" y Castó lo detuvo diciendo: "Vamos a dejarnos de violencia. Aprendamos de Casas Viejas[56]. Nosotros podemos tirar de cuchillos y pistolas, ellos siempre tendrán metralletas y aviones".

"Hombre de valor y rebeldía, comprometido con la libertad de pensamiento y los derechos de los más desfavorecidos, entregó su tiempo y su vida a inculcar los valores del conocimiento y la cultura a quien no tenía más que sus manos para trabajar" tal y como reza la placa conmemorativa de la inauguración de la biblioteca del Ateneo Arbonaida (El Cuervo, Sevilla) que lleva por nombre Centro Cultural Anda luz José Moreno Vargas *El Mojiconero*, en homenaje a quien fuera, en 1934, uno de los fundadores del Ateneo Cultural Los Amantes del Progreso.

La creación de este ateneo es, en sí mismo, un acto de rebeldía, de verdadera revolución, si tenemos en cuenta que

55. *Diario Moreno*: "La historia del Mojiconero", Lebrija TV, 18 de noviembre de 2022.
56. En enero de 1933, el Gobierno de la II República envió una compañía de guardias de asalto a Casas Viejas (Cádiz) para reprimir a un grupo de personas campesinas de CNT lo que resultó en la masacre de 28 de ellas.

en la época El Cuervo era una aldea de chozas habitada por unas cien familias campesinas pobres, que no contaban con servicios básicos como el médico, la botica, la matrona, el cementerio o la escuela con capacidad para las más de 300 criaturas que allí vivían tal y como vemos en este recorte del periódico *ABC* que da cuenta de una carta recibida en su redacción:

LA TRISTE CONDICION DE LOS VECINOS DE EL CUERVO

A nuestro poder ha llegado una carta firmada por varios vecinos de El Cuervo, en la que se protesta de la triste condición a que se ven reducidos los moradores de aquella aldea.

"No tenemos—dicen—médico, ni botica, ni matrona, ni alumbrado público, ni cementerio. Para más de trescientos niños sólo hay una escuela mixta, con capacidad de cincuenta criaturas.

Somos ciudadanos españoles y como tales contribuimos al sostenimiento del Estado.

Se nos prometió mucho, pero los días pasan y nosotros estamos hartos de esperar. Reclamamos lo que es de justicia. No podemos consentir que cuando necesitamos médico lo tengamos que buscar en Lebrija, a ocho kilómetros, además de pagarle 150 pesetas, cuando no podemos dar alimento a una parturienta, por ejemplo; no queremos que nuestros difuntos sean transportados en carros; ansiamos el contacto con la civilización.

Protestamos de que en la aldea haya hombres con veinte años que no han visto una bombilla eléctrica, ni una función de teatro, ni han escuchado una pieza musical."

El escrito, del que hemos entresacado los párrafos principales, es un grito de angustia.

Urge el remedio del mal. Los aldeanos de El Cuervo no deben continuar reducidos a la triste condición de moradores de cualquier aduar rifeño, según ellos dicen.

A quien corresponde, trasladamos esta queja razonable, justa, humana, en una palabra.

Recorte del *ABC*, 28 de enero de 1933.

Cuando Ramón Vargas, alumno de Casto, escucha al historiador Antonio Amarillo (actual presidente del Ateneo

Arbonaida) leer este recorte en el transcurso del programa *Diario Moreno* emitido por Lebrija TV el 18 de noviembre de 2022, explica "El 80% de lo que dice ese recorte podía haberlo dicho Casto" por lo cual, es muy posible que Casto formara parte de ese grupo ciudadano que denunciaba la situación de pobreza y abandono en la que vivían.

Cuando se produjo el golpe de estado, participó en los grupos armados que trataron de impedir la sublevación. Capturado, fue ejecutado junto a otros vecinos de Lebrija, compañeros de lucha e ideología.

Aunque recibió dos disparos sobrevivió al pelotón de fusilamiento. Cayó desmayado y, cubierto de la sangre y las vísceras de sus compañeros de fatigas, fue dado por muerto. Cuando se percató de que los fascistas se habían marchado, huyó. Encontró refugio en unas familias gitanas que estaban trabajando en el campo y que lo conocían porque les había ayudado en su lucha campesina. Cuando logró reponerse continuó su huida, atravesando las serranías de Cádiz, hasta llegar a Ronda (Málaga) donde se unió al ejército de la República como camillero y sanitario por sus conocimientos en la utilización de hierbas y remedios naturales.

Cuando Ronda fue tomada por las fuerzas fascistas sublevadas, se replegó a Málaga junto con las fuerzas militares leales a la República. Y allí continuó hasta que esta ciudad fue atacada por las tropas fascistas italianas.

Fue capturado y preso en campos de concentración y cárceles donde coincidió con otros reclusos republicanos oportunidad que aprovechó para seguir aprendiendo.

Finalmente, logró regresar a Lebrija donde, tras cambiar su nombre por el de José Valencia siguió viviendo a escondidas de las autoridades franquistas, sin poder visitar públicamente a sus familiares para evitarles las consabidas represalias, pero ayudando a las familias jornaleras para que sus criaturas siguieran aprendiendo. Como el Tío Ramón Vargas cuenta en el ya mencionado *Diario Moreno*, la enseñanza en la escuela nacionalcatólica era traumática mientras que con Casto el aprendizaje era gozoso.

Con el advenimiento de la democracia, Casto volvió a retomar su nombre verdadero.

RESPETADO POR LAS FAMILIAS GITANAS

"Yo tengo un hijo *perdío*,
y como Dios no lo remedie
yo voy a perder el *sentío*".
JUAN MORENO JIMÉNEZ,
JUANIQUÍ, POR SOLEÁ

Casto Moreno Vargas era hijo de Juan Moreno Jiménez, *Juaniquí*, (Jerez de la Frontera, 1863-Sanlúcar de Barrameda, 1946), jornalero campesino y grandísimo cantaor aficionado que, a pesar de que nunca ejerció profesionalmente, es considerado uno de los grandes maestros del cante gitano, especialmente reconocido por su personal estilo de soleá[57].

La familia residía en una de aquellas chozas de El Cuervo y hasta allí peregrinaban los y las artistas gitanas más famosas del momento para aprender directamente del maestro aquellos cantes por soleá que han llegado hasta nuestros días recreados en la memoria gitana.

Juaniquí compuso y cantó letras alusivas a la desgracia vivida como consecuencia de la persecución política sufrida por su hijo Casto. La del "hijo perdío" es la más conocida[58],

57. Del caló *solejar* y este a su vez del romanó *del sovlax*, jurar con solemnidad.
58. Ha sido interpretada por artistas profesionales como Fernanda de Utrera, Joselero de Morón, Agujetas el Viejo, Tía Anica *la Piriñaca*, Chocolate...

pero el Tío Ramón Vargas recordaba también estas otras dos igualmente sobrecogedoras:

> María, deja la puerta *entorná*
> que vendrá el niño a vernos
> y se tiene que *najar*[59].
> La sillita donde me siento
> tiene las eneas *partías*
> de pasar puros tormentos.

Por otro lado, el propio Tío Ramón rememora en la emisión del ya citado *Diario Moreno* que, siendo chiquillos, en ocasiones bromeaban en torno a Casto y que inmediatamente eran reprimidos por sus padres y sus madres pues era una persona muy respetada y querida entre las familias gitanas de Lebrija y El Cuervo.

Estamos pues ante una persona gitana de sangre y de condición, que vive en plena relación con la comunidad gitana de su terruño y que se ha mantenido en la memoria gitana por sus buenas acciones.

CATALINA JUNQUERA Y VALENCIA[60], *LA JUNCÁ*[61]

El diario gráfico *Ahora* en su edición del 30 de noviembre de 1934[62] incluyó una crónica titulada "Consejo de guerra contra una gitanilla acusada de complicidad en los pasados sucesos sediciosos" sobre el consejo de guerra al que fue sometida Catalina Junquera y Valencia, *La Juncá*, acusada de haber

59. Huir, en caló, la versión española del idioma gitano.
60. Ambos apellidos son ampliamente utilizados por familias gitanas de Sevilla, de Jerez de la Frontera, de Lebrija...
61. La guapa, en caló.
62. En https://bitly.ws/3cLVr.

participado en la huelga general revolucionaria de octubre de 1934.

Catalina contaba entonces 17 años y había sido detenida por la Guardia Civil en Sevilla llevando una pistola, lo que le supuso una condena de cuatro meses de cárcel a pesar de que negó su participación en los hechos revolucionarios, alegando que encontró la pistola tirada y la recogió para posteriormente venderla.

Aunque el reportaje está cargado de antigitanismo, podemos ver a una mujer resuelta, empoderada que diríamos en los tiempos actuales, defendiéndose frente al aparato represor del Estado.

No hemos encontrado mayor información sobre Catalina, ni su lucha ni su filiación política.

MARÍA DE LA SALUD PAZ LOZANO HERNÁNDEZ[63], *LA GITANA*

(VALLADOLID, 1909- MADRID, 1940)

Ingresó en la prisión de Ventas (Madrid) el primero de diciembre de 1939 con su bebé Florentino, de tan solo cinco meses de edad, que falleció en la cárcel el 16 de enero de 1940 a consecuencia de una bronconeumonía.

Condenada por un Consejo de Guerra fue fusilada el 19 de enero de 1940 en las tapias del Cementerio del Este (Madrid). Militó en Solidaridad Internacional Antifascista.

No hemos obtenido mayor información sobre su vida ni su militancia.

---

63. Ambos apellidos son utilizados por familias gitanas de toda España. Especialmente comunes en Castilla y León.

HELIOS GÓMEZ RODRÍGUEZ, ARTISTA REVOLUCIONARIO

(Triana, Sevilla, 1905 - Barcelona, 1956)

"Nada más descorazonador que el espectáculo de una evacuación urbana".

Casilda Hernáez Vargas

Pintor, cartelista, publicista y poeta, formado profesionalmente como ceramista en la Escuela Industrial de Artes y Oficios de Sevilla.

Antes de cumplir los 20 años de edad ya había conseguido publicar sus ilustraciones y exponer en galerías de arte de Sevilla, Madrid y Barcelona. Asimismo, inicia su activismo político anarquista.

Helios Gómez, *Evacuación*, 1937, Museu Nacional d'Art de Catalunya.

A partir de 1927 se exilia de España y vive en París, Bruselas, Ámsterdam, Viena y Berlín. Un viaje que le impactó especialmente fue su estancia de dos meses en la Unión Soviética.

En 1929 se instala en Berlín donde la Asociación Internacional de los Trabajadores (AIT) publica su primer álbum *Días de ira*, sobre el ciclo de luchas que se dieron en España durante la dictadura de Primo de Rivera.

En 1930, tras la dictadura de Primo de Rivera, regresa y se instala en Barcelona donde colabora con revistas republicanas y comunistas. Publica entonces su manifiesto *Por qué me marcho del anarquismo* en el cual, dirigiéndose "a todos los trabajadores y revolucionarios", explica las razones teóricas por las que abandona el anarquismo: "el anarquismo se halla fosilizado.... huérfano de una revisión crítica [...] está incapacitado para una amplia acción revolucionaria de masas organizadas [...] la ausencia de unidad en el pensamiento anarquista ha paralizado la unidad de la voluntad colectiva, fracasando en toda la tentativa de acción revolucionaria de masas". Asimismo, denuncia la desorientación táctica del anarcosindicalismo tanto en España como en Europa y América.

Ingresa entonces en la Federación Comunista Catalano-Balear y en 1931 se une al PCE y colabora con su órgano oficial *Mundo Obrero*.

En 1932 es encarcelado por su militancia en el PCE. Consigue la libertad provisional y se escapa a Bruselas desde donde se traslada a la URSS para asistir al Congreso Internacional de Artistas Proletarios. Allí permanece hasta 1934. Vive en Moscú y viaja a otros lugares como Leningrado (actual San Petersburgo). Es posible que en esta estancia en Moscú conociera el Teatro Romen[64] ya que lo menciona como

64. El Teatro Romen, aún en activo, fue creado en 1931 siendo el teatro gitano profesional más antiguo.

uno de los logros alcanzados por la URSS en la entrevista que concedió a *Crónica* en 1936[65].

La Editora Estatal de Arte de la URSS publica su segundo álbum *Revolución española* donde abandona el estilo abstracto para buscar un realismo más impactante.

En 1934 regresa a Barcelona donde nuevamente es detenido en el contexto de la huelga revolucionaria. Cuando sale de la cárcel vuelve a Bruselas donde publica *Viva Octubre* que versa, precisamente en torno a la revolución de 1934.

En 1936 fundó, junto con otros artistas, el Sindicato de Dibujantes Profesionales que impulsó el cartelismo militante anarquista y republicano.

Participó en las barricadas defendiendo Barcelona contra las tropas golpistas en julio de 1936- Posteriormente fue nombrado comisario político de UGT y participó en diversos frentes.

Mientras convalece de las heridas recibidas en el frente es entrevistado para *Crónica.* En esta entrevista muestra su gitanofilia, es decir, su amor al gitanismo: "los gitanos tienen la categoría de una raza conservada casi en su pureza aborigen; [...] tan capacitada como cualquier otra para el trabajo, para el arte y para las concepciones ideológicas" a la vez que sus fuertes convicciones frente al antigitanismo. "Los gitanos son víctimas en España de una injusticia tradicional. Se les ha hecho una atmósfera de pintoresquismo, de picardía, de un falso casticismo de pandereta. Hay quien no concibe al gitano sino como un ente arbitrario y enredador, o un motivo de diversión para las 'juergas'".

Acabada la Guerra Civil se refugia en Francia donde sufre el internamiento en varios campos de concentración.

Regresa a Barcelona en 1942 donde sufre diversos arrestos y estancias en la Cárcel Modelo en la cual escribe un

65. En https://bitly.ws/3cLVK.

poemario y pinta en la celda 1 de la cuarta galería la llamada "capilla gitana": unos frescos en los que se ve a la Virgen de la Merced, patrona de los presos, y otros personajes celestiales retratados con rasgos reconocibles como gitanos. Para vergüenza de las autoridades penitenciarias pasadas y presentes, es decir, democráticas, estos frescos fueron cubiertos con pintura y a pesar de la lucha por su restauración liderada por el hijo del artista, Gabriel Gómez, aún siguen tapados, escondidos, bajo el peso del antigitanismo.

La obra gráfica de Helios Gómez es considerada de gran riqueza y originalidad. Fue pasando por las diversas tendencias vanguardistas de su época y aplicándolas a su trabajo político-artístico.

Su vida y su obra hubieran seguido en el olvido de no ser por la tremenda labor que ha venido realizando la Asociación Cultural Helios Gómez[66] creada y liderada por su hijo Gabriel Gómez Plana.

Y GITANO DE VOCACIÓN

Helios Gómez Rodríguez podría haber sido gitano de nacimiento. Seguro que conoció y tuvo trato habitual con personas gitanas en su Triana natal. Pero no hay ninguna prueba contundente que indique efectivamente su pertenencia étnica. Eso sí, nos tuvo aprecio colectivamente y hemos de agradecerle que en una época tan terrible como la que le tocó vivir se pusiera de nuestro lado.

¿Influye este dato en la consideración que las personas autoras de este libro le tenemos a su obra y a su trayectoria revolucionaria? No. Tampoco, si realmente fuera gitano, ese dato debería haber servido de justificación al tratamiento que en los últimos años se le viene dando a su figura,

66. En https://bitly.ws/3cLW2.

redimensionándola en base a su pertenencia étnica gitana, como si ello constituyera una singularidad tan excepcional que hubiera que destacarla por encima de cualesquiera otros aspectos de su persona o de su personalidad.

La gitanidad del artista y revolucionario no debe, en ningún modo, afectar a su consideración artística y/o política. En caso contrario, estaremos ante un acto claramente racista y antigitano. Las razones para que no haya ninguna persona gitana en una posición artística o política de vanguardia similar a la ocupada por Helios Gómez hay que buscarlas en la violencia del sistema de opresión racial antigitano que, como ya hemos afirmado en la primera parte de este ensayo, nos mantiene sojuzgadas, subalternizadas, sometidas y excluidas de los círculos de poder.

Por otro lado, considerar a una persona que no es gitana como si lo fuera realmente contribuye a invisivilizar a quienes sí lo somos. Esa falta de rigor también debemos considerarla como una más de las consecuencias del antigitanismo que todo lo invade y pervierte.

MARIANO RODRÍGUEZ VÁZQUEZ, MARIANET, SECRETARIO GENERAL DE CNT

(Barcelona, 1908- La Ferté-sous-Jouarre, Francia, 1939)

Se consideraba catalán y presumía de ser de Hostafrancs, barrio barcelonés de larga raigambre obrera y, por tanto, luchadora. Decía que su padre era castellano y su madre gallega (Martínez Martínez, 2020).

En la cárcel, donde estaba recluido por mendigar y por haber cometido algunos hurtos, coincidió con anarquistas de quienes aprendió la ideología libertaria. Así, en 1931, se afilió a la Federación Anarquista Ibérica (FAI) a través del Sindicato de la Construcción. En una de sus primeras acciones de resistencia sindical fue detenido y sometido a un proceso que le supuso una condena de once meses de cárcel.

Cuando salió en libertad fundó con otros anarquistas el Ateneo Racionalista del Centro, iniciando así una meteórica carrera de liderazgo sindical dentro del movimiento anarquista.

En 1933 fue elegido presidente del Sindicato de la Construcción. Durante su mandato tuvo lugar la huelga de la construcción que duró cuatro meses y que terminó obligando a la patronal a pactar.

En estos años entraba y salía de la cárcel siempre por cuestiones relativas a su activismo y militancia. Fue condenado a 11 meses de reclusión por su participación en la Huelga General Revolucionaria de octubre de 1934.

En 1935 fue elegido secretario del Comité Regional de Cataluña de la CNT. A finales de año, ya era Secretario del Comité Nacional. Permaneció en el cargo durante toda la Guerra Civil, impulsando la participación de la CNT tanto en la Generalitat como en el Gobierno de la República.

Su empeño por anteponer la victoria sobre el fascismo a través de la unidad de acción de sindicatos y partidos le hizo renunciar a parte de sus ideales libertarios y le indujo a cometer frecuentes controversias, causadas por las diversas concesiones que hubo de realizar para alcanzar dicha unidad, motivo por el que muchos de sus camaradas le acusaron de traidor.

DENIGRADO POR EL ANTIGITANISMO

Mariano Rodríguez Vázquez fue acusado de actuar con "gitanería", mirado con desdén por sus propios compañeros de militancia por su incultura, denostado como "gitano" para insultarlo ya que no lo era por condición (ni biológica ni culturalmente).

Ese uso de "gitano" como insulto deja bien a las claras el nivel de antigitanismo que había en el seno del anarquismo español. Probablemente, a falta de encuestas que lo demuestren, ese antigitanismo sigue estando presente no solo en el anarquismo —ya sea en su forma sindical o partidista— sino en todo el amplio espectro de la izquierda ideológica y no solo, por supuesto, en su militancia sino en sus programas, agendas y directivas.

No es una figura considerada actualmente como relevante por el anarquismo español (Martín Nieto, 2012) a pesar de la valoración que de él hacía Federica Montseny[67]: "Marianet fue el centro y el eje de un periodo de actuación del Movimiento de capital importancia para el mismo, quizá el más trascendente de su larga historia". Más adelante afirma la primera mujer que ocupó un cargo ministerial en España (ministra de Sanidad en el Gobierno de Largo Caballero) "como militante fue el hombre total y absolutamente entregado a la Organización". Ese desdén con que sigue siendo considerada su figura, evidentemente, tiene que ver con el antigitanismo.

---

67. Montseny, F. "Nuestros hombres. Mariano R. Vázquez", *Cenit. Revista de Sociología, Ciencia y Literatura*, nº 103, julio de 1959, pp. 2749-2752. En https://bitly.ws/3cLWj.

REFERENCIAS

ACHIM, V. (2004): *The Roma in Romanian History*, Budapest, Central European University Press.

AGÜERO FERNÁNDEZ, S. (2021): *Mi feminismo es gitano*, Bilbao, Pikara Magazine.

AGÜERO FERNÁNDEZ, S. y JIMÉNEZ GONZÁLEZ, N. (2020): *Resistencias gitanas*, Madrid, Libros.com.

ANDRADE E SILVA, J. J. (1854): *Collecção Chronologica da Legislação Portugueza*, Lisboa, Imprensa J. J. A. Silva.

ASYA, F. (2008): "Unveiling the Origin of the Romani Holocaust: The Anarchist Tradition in Winter Time by Walter Winter", en Glajar, V. y Radulescu, D. (ed.), *"Gypsies" in European Literature and Culture*, pp. 145-159, Nueva York, Palgrave MacMillan.

BURASCHI, D. y AGUILAR IDÁÑEZ, M. J. (2019): *Racismo y antirracismo. Comprender para transformar*, Ciudad Real, Ediciones de la Universidad de Castilla-La Mancha.

BUZEK, I. (2011): *Historia crítica de la lexicografía gitano-española*, Brno, Masarykova Univerzita.

COURTHIADE, M. (2018): "Knowledge based on sources and historical data versus knowledge based on clichés and legends in the Indian stage of Rromani history-Deconstructing common place legends", en Kumar, N. (ed.) (2018), *Roma: In search of Identity*. New Delhi: Indian Council for International Co-Operation.

ĐURIĆ, R. (2008) *Историја холокауста Рома* [*Historia del Holocausto romanó*]. Belgrado, Политика ад.

FRA [European Union Agency for Fundamental Rights] (2023): "Roma in 10 European Countries. Main Results", *Roma Survey 2021*, Luxemburgo.

Fromm, E. (1966): El corazón del hombre, México DF, Fondo de Cultura Económica.

García Añón, J. *et al.* (2013): *Identificación policial por perfil étnico en España. Informe sobre experiencias y actitudes en relación con las actuaciones policiales*, Valencia, Tirant Lo Blanc.

García Sanz, C. (2019) "Presuntos culpables: un estudio de casos sobre el estigma racial del 'gitano' en juzgados franquistas de vagos y maleantes", *Historia Social*, nº 93, pp. 145-165.

Gheorghe, N. y Liegeois, J. P. (1995): *Roma/Gypsies: A European Minority*. Londres, MRG.

Giménez, A. *et al.* (2019): "Origen e identidad del pueblo gitano", *International Journal of Roma Studies*, 1(2), pp. 159-184. doi: 10.17583/ijrs.2019.4561.

Giménez Giménez, J. (1997): "Historia de los gitanos de Huesca y comarca (siglos XV al XVII)", *Argensola. Revista de Ciencias Sociales del Instituto de Estudios Altoaragoneses*, nº 111, pp. 91-106.

Gómez Alfaro, A. (1993): *La Gran Redada de Gitanos*, Madrid, Presencia Gitana.

Gómez Baos, A. D. (2021): "Entre la tradición y la modernidad. La Kris Rromani, el sistema normativo del Pueblo Rrom", *Pretendemos Gitanizar el Mundo. Pensamiento Crítico Gitano, Feminista y Antirracista*, nº 1, pp. 11-17.

Kyuchukov, H. *et al.* (2015): Romopedia. Encyklopedia wiedzy o Romach, Breslavia, Fundacja Integracji Społecznej Prom.

Hancock, I. (1987): *The Pariah Syndrome: An Account of Gypsy Slavery and Persecution*, Ann Arbor, Karoma Publishers.

— (2006): "On Romani origins and identity: questions for discussion", en Marsh, A. y Strand, E. (ed.) *Gypsies and the Problem of Identities: Contextual, Constructed and Contested*, Londres, I. B. Tauris.

— (2013): "Las cifras del Holocausto Gitano", *O Tchatchipen*, nº 83, pp. 33-39.

Heredia Maya, J. (2000). "La mirada limpia (o la existencia del otro)", *La Mirada Limpia*, nº 0, pp. 20-47.

— (2004): *Literatura y antropología*, Granada, Universidad de Granada.

Jiménez de Aberasturi, L. (2012): *Casilda Miliciana. Historia de un sentimiento*, San Sebastián: Txertoa.

Jiménez González, N. (2002) "Retrato socio-antropológico del Pueblo rom", *O Tchatchipen*, nº 38, pp. 16-23.

— (2017): "La historia del pueblo gitano: memoria e inclusión en el currículum educativo", *Revista DRETS*, nº 2, pp. 113-130. En https://bitly.ws/3cLWv.

— (2020): "Forms of Resistance during the Great Round-up (Spain, 1749-1763)" en Mirga-Kruszelnicka, A. y Dunajeva, J. (ed.) *Re-thinking Roma Resistance throughout History: Recounting Stories of Strength and Bravery*, pp. 220-232, Berlín, ERIAC.

Martín Nieto, I. (2012) "Gitano, ignorante y traidor. Mariano R. Vázquez en la literatura histórica militante libertaria" en Ibarra Aguirregabiria (coord.), *No es país para jóvenes*, Leioa, Universidad del País Vasco.

Martínez Martínez, M. (2014): *Los gitanos* y las *gitanas de España a mediados del siglo XVIII: El* fracaso *de un* proyecto *de* exterminio *(1748-1765)*, Almería, Universidad de Almería.

— (2020): Mariano Rodríguez Vázquez, *Marianet. Documentación selecta de su actividad como secretario regional y general de la CNT* (1935-1939), Almería, Círculo Rojo.

Matache, M. y Bhabha, J. (2016): *Roma Slavery: The Case for Reparations*, Foreign Policy In Focus. En https://bitly.ws/3cLWE.

Melâhat, M. (1966): "Le thème des Bohémiens en voyage dans la peinture et la poésie, de Cervantès à Baudelaire", *Cahiers de l'Association internationale des études francaises*, nº 18, pp. 227-238.

Mirga, A. (2011): "El legado de los sobrevivientes. Recuerdos de la persecución nazi contra los pueblos gitanos. Claves para luchar contra el racismo actual", Museu Virtual del Poble Gitano a Catalunya. En https://bitly.ws/3cLWM.

Mirga-Kruszelnicka, A. y Dunajeva, J. (2020): *Re-thinking Roma Resistance throughout History: Recounting Stories of Strength and Bravery*, Berlín, ERIAC.

Open Society Foundations (2010): *No Data–No Progress. Data Collection in Countries Participating in the Decade of Roma Inclusion 2005–2015. Country Findings*. En https://bitly.ws/3cLWT.

Pantoja, S. (2004): "Inquisição, degredo e mestiçagem em Angola no século XVIII", *Revista lusófona de ciência das religiões* (III), 5/6, pp. 117-136. En https://bitly.ws/3cLX6.

Pérez, R. y Armendáriz, L. (2001): *La lumea de noi. Nuestra gente. Memorias de los ludar de México*, México DF, CONACULTA.

Scott, J. (2009): *The Art of Not Being Governed: An Anarchist History of Upland Southeast Asia*, New Haven, Yale University Press.

Urrutia, K. (seudónimo de Martin Anso) (1987): "Casilda, una vida de lucha por la dignidad humana", *Punto y Hora*. En https://bitly.ws/3cLXo.

Vojak, D. (2017) "Roma also Fought: The History of Romani Participation in the Anti-Fascist Movement in Croatia during World War II", *Roma Rights*, nº 1, pp. 9-16. En https://bitly.ws/3cLXz.

SOBRE EL AUTOR Y LA AUTORA

Silvia Agüero Fernández (Madrid, 1985) y **Nicolás Jiménez González** (Madrid, 1968) junto con sus cuatro criaturas constituyen una familia en la que el activismo antirracista y feminista forma parte de la vida cotidiana.

Nico forma parte de una familia gitana tradicional cuya rama paterna fueron andarríos, nómadas, hasta los primeros años de la década de 1960 en la que, huyendo del hambre de la postguerra, tuvieron que asentarse en Madrid. Por el lado materno, su familia residió en la misma casa de un pueblo manchego hasta donde les alcanzaba la memoria a sus mayores. Igualmente, se vinieron a Madrid huyendo de la miseria provocada por la Guerra Civil.

En su infancia vivió la emigración a Argentina como tantas otras familias gitanas españolas. Cuando el dictador se murió, la familia se instaló en una chabola del Pozo del Tío Raimundo (Vallecas, Madrid).

Nico es sociólogo y máster en investigación educativa. A pesar de que hace más de 30 años que se licenció, sigue siendo el único universitario en su extensa familia, lo que viene a confirmar el fracaso del sistema educativo con el alumnado gitano y que cada persona que culmina su formación académica con éxito debe ser considerada heroica. Ha trabajado para diversas organizaciones gitanas españolas y ha participado en todo tipo de foros romaníes internacionales. Ha escrito una amplia variedad de artículos académicos y de divulgación en torno a la historia, la cultura y el idioma gitanos.

Silvia fue adoptada por una familia paya de ideología antigitana en la que creció hasta que pudo escaparse para ir a buscar a su familia gitana. Entonces vivió la realidad del gueto al igual que el 98% de la población gitana española.

De formación autodidacta, Silvia es comunicadora y ha publicado sus artículos en medios como *Pikara Magazine*, *El Salto*, *elDiario.es*, *La Marea*, *Libre Pensamiento* o *Afroféminas*; también presenta el programa de televisión *Al Lío* (Canal Red); como escritora ha publicado *Mi feminismo es gitano* (Pikara Magazine, 2022) y ha participado en los libros colectivos *Disidencia en el cuerpo: perspectivas feministas* (Menades, 2019), *Feminismos: miradas desde la diversidad* (Oberon, 2019) y *Mirades a la Violència Obstétrica* (Pollen y Dona Llum, 2019).

Es la editora jefe de la revista de pensamiento crítico gitano feminista y antirracista *Pretendemos Gitanizar el Mundo*. Junto con Nüll García ha escrito la dramaturgia de la obra teatral *No soy tu gitana* (Teatro del Barrio) que asimismo interpreta. Actualmente, dentro de su activismo, ha iniciado una serie de intervenciones artísticas en fotografías antiguas que pretenden devolver el papel protagonista a las mujeres gitanas que fueron fotografiadas como meros objetos exóticos por las miradas extrañas de los fotógrafos payos más destacados.

Nico y Silvia escribieron a cuatro manos *Resistencias gitanas* (Libros.Com, 2021) y juntos crearon la Asociación Pretendemos Gitanizar el Mundo desde la que articulan su activismo.